だれをも
仏や神にする
死生観

人は死んだらどこへ行けばいいのか 第3巻

佐藤 弘夫
Sato Hiroo

興山舎
KOHZANSHA

はじめに

仙台市の中心部を東西に横断する広瀬通りは、やがて「西道路」と名称を変えて広瀬川を渡り、トンネルとなって青葉山の下をくぐります。東北自動車道と接続する仙台宮城インターを過ぎたあたりから、周囲は開放感のある盆地の光景となり、真っ直ぐに続く道の正面には、大東岳や面白山など山形との県境をなす山々が連なっています。

西道路の左手に、道路に沿うように低い丘が続いています。三百五十メートルほどの標高をもつ蕃山《ばんざん》です。仙台の市街地から遠く太平洋までを望む山頂には、山麓に位置する古刹・大梅寺を開いた雲居《うんご》禅師の墓と、小さなお堂があります。蕃山は家族連れで登ることのできるハイキングの山として、仙台市民に親しまれてきました。

蕃山の西に位置する錦ヶ丘住宅団地からの登り口に、白滝不動尊があります。団地の周回道路から草の繁る小道に分け入ると、コンクリート製の長い階段があり、降り切った先は木々に抱かれた小さな渓谷になっています。谷に向かって、森の中から水が湧き出しています。いく筋にも分かれた水流が洗う岩は、一面苔に覆われています。

滝に打たれるようにして、小ぶりな石の不動尊があります。不動尊の体にも、背後の岩壁と同じく苔が張り付いており、岩の中から湧き出したように見えます。滝のそばには小さな御籠《おこ》もり小屋があり、団地ができる以前は、お祭りの日に、近隣の集落の女性たちがここに泊まる習慣があったと伝えられています。

わたしはこの地の雰囲気が好きで、山から下ったとき、いつもぼんやりと滝を眺めて時間を潰すことにしています。それにしても不思議なスポットです。名状しがたい神秘性を感じさせる空間ですが、その原因は何なのか、うまく説明することができません。

この地の聖性を担保しているのは、不動尊の像なのでしょうか。それとも滝の水でしょうか。せせらぎの音でしょうか。あるいは森から染み出してくるオーラなのでしょうか。そのすべての要素が混然と溶け合って、この聖なる空間を作り上げているのです。

生と死の交錯するスポットを訪ねたこのシリーズは、本巻をもって完結となります。取り上げた対象はゆうに百カ所を超えます。そこではどの場所も、例外なく自然がきわめて重要な役割を担っていました。

もちろん、周辺の景観との調和は日本の霊場だけに見られる現象ではありません。海外の聖地も、その多くが固有の地形を考慮に入れて設計されています。しかし、日本列島では、自然は脇役の立場を超えて、霊場の主役になっているようにみえます。巨大な磐座《いわくら》の上に社殿や堂舎が建立されている例も珍しくありません。現世を穢土として理想の浄土への旅たちを目指す中世の霊場でさえも、この世のもっとも美しい場所に設けられていました。岩や木や滝や吹き抜ける風までもが、聖性を醸し出す不可欠の要素となっているのです。

かつて西欧で形作られた近代宗教学では、こうした信仰世界は「多神教」と呼ばれ、究極の進化形である「一神教」に比べて低俗なものとされてきました。その一神教の原理主義が、いま聖なるものの独占を目指して無惨な殺し合いを演じています。

絶対者としての神を背景とする西欧流の文明化は、人々がこの世界を他の無数のものたちと分かち合っているという感覚の喪失と、表裏をなす出来事でした。文明という鎧を身につけることによって、人はいつしか自身が自然のなかで生かされていることを忘れ去ってしまったのです。

わたしは決して一神教に対する、多神教的発想の優越を説こうとしているのではありません。ただ行き過ぎた近代の人間中心主義を相対化する視点として、この列島で育まれてきた信仰世界に改めて注目してもいいのではないか、と考えているのです。在地に根差した思想や宗教の発掘は、いま各方面で広がっています。近年、アフリカ哲学が注目されていますが、それもまた欧米中心の近代哲学を相対化しようとする動向の一つとして捉えることができるでしょう。

今回、列島各地の聖地を巡り歩いていて感じたのは、森羅万象によって、わたしたちが柔らかく包まれているという感覚でした。そこでは神仏のみならず死者や動物や草木も、人の命を奪う疫病神までもが、欠くことのできない共棲者でした。聖地に足を運んだ人々は、心身を浄めて、そのものたちが発するメッセージに謙虚に耳を傾ける姿勢が求められました。

過剰なバーチャルリアリティの空間が現実を飲み込もうとしているいま、わたしたちは五感を研ぎ澄まして谷川の水に手を浸すことから、あるべき未来を求めて思索の旅に踏み出すことが必要ではないでしょうか。本書を通じて皆様と、語ることなきものの声を尋ねる旅をご一緒できれば嬉しく思います。

二〇二〇年から二四年にかけて、『月刊住職』に連載されたエッセイを編集した本シリーズは、第3巻にあたる本書をもって完結となります。本巻にご興味をもたれた際には、1巻、2巻も合わせてご参照いただければ幸いです。

だれをも仏や神にする死生観

——人は死んだらどこへ行けばいいのか 第3巻

目次

装丁　長谷川葉月

第1部

ヒトガミ信仰の台頭

1

古代の神の棲む聖地が中世にこの世の浄土になりえたのはなぜか

瑞鳳殿　宮城県仙台市

政宗の築城から始まった仙台

東北最大の都市仙台（宮城県）は、杜の都と呼ばれるその愛称にふさわしい、木々の緑に覆われた美しい街です。「青葉まつり」が開催される五月中旬、メインストリートの青葉通りと定禅寺通りのケヤキ並木は、滴るような新緑に彩られます。その時期に日差しのなかを散策すれば、街並みや通りだけでなく、心までが緑に染め上げられたような気分に浸ることができます。

市街地の周辺に多くの史跡を抱える仙台は、観光の街でもあります。「るーぷる仙台」という循環バスが市内の観光地を巡っており、これを利用して主要な名所をカバーすることができます。今日これから皆様をご案内する瑞鳳殿《ずいほうでん》は、仙台の街を築いた伊達政宗の墓地です。政宗が本拠地と定めた仙台城（青葉城）とともに、仙台観光の目玉となっているスポットです（写真）。

仙台経ヶ峰にある伊達政宗の墓所たる瑞鳳殿

仙台の始まりは、戦国時代末の一六〇〇（慶長五）年に遡ります。関ヶ原の戦いの後、伊達政宗は徳川家康の許可をえて、本拠地を北の岩出山（大崎市）から現在の仙台市に移します。この年の十二月、政宗は青葉山を築城の地と定めて城下町の縄張りを開始し、名を仙台と改めます。都市仙台が初めてその姿を顕にするのです。

政宗は一六三六（寛永十三）年に亡くなりますが、生前に、市街を眼下に収める経ヶ峰《きょうがみね》とよばれていた丘を自身の墓地と定めていました。その遺言に従って造営されたものが、この瑞鳳殿です。経ヶ峰には、のちに伊達藩第二代忠宗公の霊屋《おたまや》である感仙殿、三代綱宗公の善応殿も建立されます。これらの施設は一括して、史跡「経ヶ峯伊達家墓所」に指定されています。

瑞鳳殿は、江戸時代初期の典型的な桃山様式の廟建築として、戦前には国宝に指定されていました。しかし、一九四五（昭和二十）年七月の米軍の空襲により、他の二廟とともに焼失しました。昭和五十年代に、墓地の学術調査を経て忠実に復元され、そのきらびやかな姿を取り戻すに至っています。

いまは木々が茂って見通しが効きませんが、山頂にある瑞鳳殿からは仙台の街並みを一望できます。創建当初に植えられた杉並木を縫って、石段の参詣道が山頂の廟所に続いています。仙台駅から直線で二キロもない場所ですが、廟所一帯には手付かずの自然が残されており、多様な植生に加えて、リスやムササビ、タヌキなどの野生動物、チョウゲンボウといった貴重な鳥類が生息しています。近年はクマも出没するようになりました。百万都市の市街に隣接する地とは思えない、幽玄な趣を湛えた空間が広がっています。

瑞鳳殿は、るーぷる仙台のバス停「瑞鳳殿前」から、ゆっくり歩いても十分ほどの距離です。周辺には、夭折した伊達藩の子女を祀る御子様御廟《おこさまごびょう》、殉死した家臣の慰霊塔、政宗が勧請したという穴蔵《あなぐら》稲荷神社などの見どころがあります。

仙台という地名の由来は何か

なぜ政宗は経ヶ峰の地をみずからの墓地と定めたのでしょうか。少し回り道をして、経ヶ峰と都市仙台が辿ってきた歴史を振り返ってみることにしましょう。

政宗が城下町を建設する以前は、仙台はどんな姿をしていたのでしょうか。そこは荒地に家や畑が点在するだけの、もの寂しい場所でした。この地が、都市としても農地としても発展しなかった最大の理由は水にありました。十分な量の水を確保することができなかったのです。

いま仙台の中心部を広瀬川が蛇行しながら貫流しています。けれども市街地は広瀬川が削り出した河岸段丘の上にあり、低い位置を流れる川から水を引くことは不可能でした。政宗が仙台の町づくりにあたって直面した最大の課題は、いかにして水を得るかという問題でした。

これに対して、政宗は大胆な発想で解決を試みました。広瀬川を上流に遡っていくと、やがて河床が市街地より高い標高に達します。それが現在の落合、東北自動車道の仙台宮城インター付近でした。政宗はこの地に広瀬川からの取水口を設け、そこからトンネルを通して仙台まで水を流して、市街地に水を供給しようとしました。四ツ谷用水の掘削です。

その地下水路からの出口が、街の北西の隅に守護神として勧請された大崎八幡宮（国宝）の門前付近でした。現在、八幡宮に参詣するとき門前の石の橋を渡りますが、かつてその下を流れていたのが四ツ谷用水だったのです（千葉正樹『聖なる水の空間』仙台・江戸学叢書、二〇〇九年）。

いまわたしは、青葉城築城以前の仙台中心部が荒涼とした地だったと述べましたが、広瀬川を挟んだ右岸は少し様相を異にしていました。新幹線で南から仙台の市街地に入ると、車窓の左手に低い丘の連なりがみえます。大年寺山、愛宕山、経ヶ峰、青葉山、亀岡といった仙台の西を限る山々です。中世まで遡ったとき、この一帯は聖なる地と認識されていたのです。

青葉城の本丸となる青葉山には千体仏を安置するお堂があったと伝えられ、それが「仙台」という地名の由来となったという説があります。そこに置かれていたとされる仏像群が、現在も市内の寺社に散在しています。

そのお膝元、現在東北大学川内《かわうち》キャンパスとなっている青葉城二の丸は、中世には山形に抜ける最上街道が通り、周辺には寺院が建ち並んでいました。往時の様相を偲ばせる「行人坂」という地名も残っています。

大年寺山にも古い寺院が存在したといわれ、そこにあったという菩薩立像（奈良時代末期）が長町の十八夜観世音堂に納められています。

なぜ経ヶ峰が聖地だったのか

仙台誕生以前の中世に広瀬川の右岸が聖域化していた背景には、そこが神の宿る場所であったという、仏教伝来前に遡る観念があったものと推定されます。

古代では神は形のよい山に宿ると考えられていました。奈良県桜井市にある三輪山はその典型です。『風土記』や『日本書紀』などの古い文献をひもとくと、各地の山に神が住んでいる様子が記されています。それらの多くが、富士山・筑波山など外観の印象的な山、整った円錐形をした山だったのです。

改めて広瀬川右岸の山々を眺めてください。テレビ塔が建ったり、家並みが尾根を這い上がったりして、本来の姿からはだいぶ様子が変化していますが、いずれも特徴のある姿をしていることがわかります。

大年寺山は遠くから望むことのできる山で、麓には装飾古墳群があります。青葉山は聖地によくみられる、切り立った断崖が剥き出しになった姿をしており、本丸時代にはここに懸崖造《けんがいづく》りの建物が設けられていました。愛宕山も三角形の山容です。古代の人々はこの山々を神の宿る聖なる地と考え、崇敬していたのです。

経ヶ峰もまた神の宿る山の一つだったと推測されます。

写真は青葉城の入り口にあたる広瀬川の大橋上からみた経ヶ峰の全景です。綺麗な三角形をしていることがよくわかります。古代の経ヶ峰は、神の棲むと信じられた聖なる峰＝神奈備《かむなび》だったのです。

広瀬川の大橋上から仰ぎ見る神奈備たる経ヶ峰

そうした状況が大きく変化するのが、平安時代の後期、十二世紀ごろのことでした。前巻でも何度か触れましたが、この時期、日本列島の精神世界に巨大な変動が生じます。不可視の理想世界（浄土）のイメージが膨らみ、人々が死後にそこに到達することを人生の究極の目標と考えるようになるのです。いわゆる浄土信仰の広がりです。

十二世紀は平泉を本拠地とする藤原氏が奥州を支配していた時期でした。藤原氏も往生浄土の熱心な信仰をもち、極楽往生を欣求していたことは「骨寺村」（第2巻 第9章参照）で書いた通りです。時代の風潮に加えて、藤原氏の後押しを受けて、東北地方に急激な浄土信仰の波が押し寄せるのです。

浄土信仰は遠い他界への飛翔を目指すものでしたが、一般の人々が認知できない浄土を目指すことは困難だったため、この世の一角に、彼岸に通じる浄土の出張所を設けることを常としていました。「あの世の浄土」に対する「この世の浄土」です。人はまずこの世の浄土に参詣し、そこを踏み切り板として他界に旅立っていくのです。

新たに設定されるこの世の浄土は、その多くが見通しのよい山上に設定されました。眺めのある山は、古代には神が棲む聖域とされていた地でした。そのため平安時代の後期になると、それまで神奈備とされていた山が、仏教的世界観にもとづいたこの世の浄土へと、次々と変身を遂げていくのです。

浄土信仰の聖地化にあたって、東日本でしばしば用いられたアイテムが経塚と板碑《いたび》でした。山頂に経塚を築いて経典を埋納し、梵字を刻んだ石碑＝板碑を設置することによって、浄土の仏が化現して信仰者を救いとってくれる聖なる地と化すと信じられていたのです。神の宿る山から、彼岸への通路への転身です。

経ヶ峰もそうした時代の動向と無縁ではありませんでした。「経ヶ峰」はまさに経塚から来た地名であり、そこには板碑も林立していました。中世の経ヶ峰は、死後の救済を願う人々が集う仏教的な聖地だったのです。

伊達家廟所にあった板碑のわけ

伊達政宗がみずからの墓所として経ヶ峰を選んだ背景には、そこは城下を一望できる景勝の地であることに加えて、聖地としての伝統があったからと考えられます。

近世社会は、多くの生き神（人神《ひとがみ》）が誕生する時代でした。中世人が目標とした成仏や往生は、他界の仏の光に照らされてはじめて成就するものでした。それに対し、江戸時代の人神は、超越者を媒介することなしに、内在する光源を輝かすことによって、普通の人間が神に上昇していくところに特色がありました。

その変化をもたらしたものは、中世人が共有していた他界浄土のリアリティの衰退です。社会が安定し、世俗化が進む中で、人々は、理想の浄土が宇宙の彼方に実在するという教えを、しだいに実感できなくなっていきます。見知らぬ遠い浄土に行くよりは、死後も慣れ親しんだこの世に留まる道を選択するようになるのです。

近世初頭、まず神になったのは豊臣秀吉（豊国大明神）・徳川家康（東照大権現）などの天下人でした。次いで、大名や武士が神として祀られるようになります。初代会津藩主・保科正之の墓地は磐梯山の中腹、猪苗代湖を見下ろす景勝の地に造られています。墓とはいっても、正之を神として祀る形式が取られています。

江戸時代には、有力藩の藩主が死去すると、その霊を祀る廟所が続々と建立されていきました。瑞鳳殿の造営もそうした流行に乗った事業だったのです。それらの廟所は単なる墓地としての機能を超えて、各藩における至高の聖地としての位置を与えられていくのです。

改めて瑞鳳殿の様式を眺めてみましょう。実際の建立者は第二代藩主の忠宗で、竣工は政宗死去の翌年の一六三七（寛永十四）年です。政宗の遺骸を納めた墓の上に建てられた本殿には、政宗の木像が安置され、拝殿から礼拝する形がとられていました。併せて、華麗な色彩を纏った唐門、御供所、涅槃門が設けられました。

瑞鳳殿は西向きに青葉城と正対する形で建てられています。神となった政宗は、子孫の住む青葉城と城下町を守護する存在として位置づけられたのです。

こうして経ヶ峰は、古代の神の棲む聖地、中世の浄土への回路の時代を経て、神としての政宗が鎮座する藩の聖地へと、再度その性格を変化させるのです。

中世的な聖地から近世的なそれへの変容を端的に示す、一つの興味深い事例があります。

一九八一（昭和五十六）年、経ヶ峰にある伊達第二代藩主廟所、感仙殿の発掘調査が行われました。その墓壙《ぼこう》内から、土留めと蓋石に転用された五基の井内石の板碑が発見されました（次頁の写真）。

板碑が建設資材に転用されている例は、各地でみることができます。中世では板碑は人々を浄土へと導く力をもった聖なる存在でした。しかし、時代が変わると信仰の対象としての地位を失い、単なる土木工事の素材へと転落してしまうのです（第1巻 第13章参照）。

資料館に展示されているもの以外にも、感仙殿の入り口付近に、二基の大型の板碑がひっそりと佇んでいます。探してみてください。見つけることができるでしょうか。

瑞鳳殿を訪れた際には、豪華な桃山様式の廟に目を奪われるだけでなく、経ヶ峰が刻んできた古代以来の聖地としての歴史にも、ぜひ思いを致してください。

経ヶ峰の伊達第二代藩主廟所・感仙殿の墓壙から発掘された板碑（瑞鳳殿資料館）

パワースポットだった瑞鳳殿

わたしが学生だったころ、経ヶ峰は一つの建物もない寂しい場所でした。毎日徒歩で大学に通っていましたが、この境内を抜けるのが自宅から大学までの最短のルートでした。いつも夜遅くまで研究室に残っていたわたしは、よく夜中にここを通って帰宅ました。まったく人気のない場所でしたが、そのころ単独の夜行登山にハマっていたわたしには、少しの恐怖感もありませんでした。

瑞鳳殿のあった場所を通り過ぎるとき、わたしは政宗の墓所に上る石段に腰を下ろして、タバコを一本吸うことを習慣にしていました。座ってタバコをくゆらしていると、杉木立の壁越しに伝わる都会のざわめきが、一つに溶け合って、海鳴りのように体を包みました。闇に光る小さな赤い点をみつめながら、先のみえない将来の不安を思い、肩を並べてここを歩いた友の、そのうつむく横顔を思い浮かべました。

見通しの効かない樹林帯をさまようような日々でしたが、一服して立ち上がったとき、不思議に体内の奥深いところから、先に進もうとする力が湧き上がってくるのを感じました。いま思うと、ここがわたしにとってのエネルギーチャージの場であり、パワースポットだったのでしょう。

現在では瑞鳳殿の警備も厳重になり、夜中に通り抜けることなど論外となってしまいました。それでも経ヶ峰はわたしにとって、いまなお青春時代のたくさんの思い出が染み込んだ聖地なのです。

2 近代に向かい世のために死した者をヒトガミと崇めたのはなぜか

福田宮堰神社　青森県南津軽郡藤崎町

人柱を神と崇める神社の縁起

新青森駅を後にした大館行きの列車が、山あいの路線を抜け平野部に飛び出すと、水を湛えた田んぼが空の色を映していました。六月の津軽平野は、田植えの済んだ水田がどこまでも続き、成長期を迎えた稲の苗が初夏の風に揺れていました。

川部駅で奥羽線から五能線に乗り換えると、風景は一変し、水田は姿を消し、見渡す限り果樹園に変わります。青森の特産品の一つにりんごがありますが、このあたりは代表的な品種である「ふじ」の産地として知られた場所です。津軽平野のほぼ中央に位置する藤崎駅で列車を降りたわたしは、人影のみえない駅前の道を地図を頼りに、今日の目的地である福田宮堰《ふくだみやぜき》神社を目指して歩き始めました。

　はるか遠方には霊峰岩木山が変わらぬ姿をみせています。その山頂を隠すようにして、もっこりとした雲が湧き出しています。ふと、半世紀も前に登った岩木山の砂礫の登山道の感触が靴底に甦りました。わたしは真夏を思わせる日差しのなか、切れ切れの木陰を拾うようにしながら、昼下がりの住宅地を歩き続けました。

人柱を祀る福田宮堰神社（青森県藤崎町）

　藤崎の福田宮堰神社（堰神社）は、実在した人物を祀る神社です（写真）。一七九七（寛政九）年五月二十七日、江戸後期の旅行家、菅江真澄がこの地を訪れました。真澄はその紀行文『都介路廼遠地《つがろのおち》』で、堰神社に祀られている福田の神の由来を紹介しています。
　――黒石近郊の境松という場所に、堰八《せきはち》村といって、川の流れを八つに分ける堰がある。この堰はいつも急流によって押し流されて、うまく機能しなかった。そこで堰八太郎左衛門という人物がみずから人柱になることに名乗りを上げた。太郎左衛門は堰の完成を天地に祈った後、慶長十四（一六〇九）年、鋭い井杭の先端を横たわった自分の腹に突き立てると、それを打つことを求め、杭に貫かれたまま埋められてしまった。その後なんの障害もなく工事は完成し、千町の水田に水を引くことができた。以後、人々は太郎左衛門の御霊を神と祀り、堰八明神・福田の神と称するようになった――。

生け贄からヒトガミ信仰へ

津軽平野は岩木川をはじめ、いくつもの河川が流れる水に恵まれた地域です。けれども川の制御には大変な困難を伴いました。いまわたしたちが関東平野や東北地方で目にする、平野一面に水田が広がる光景は、土木と治水の技術が進化した江戸時代以降にはじめて生まれたものでした。中世まで遡ると、水田の主要な形態は、山から流れ出る沢の水を利用して営まれた小規模な谷戸田《やとだ》だったのです。

江戸時代に入ると、領主が主導して、沖積平野で大規模な新田開発が始まります。難関はいかに水を制御するかという問題でした。治水技術は試行錯誤を繰り返しながら進化を遂げますが、当初は失敗の繰り返しでした。太郎左衛門がわが身を捧げた江戸時代の初期は、人力の限界に直面したとき、命と引き換えに、まだ人間を超えた存在に助力を頼まざるをえない時代だったのです。

生きたまま木の杭に腹を貫かれて死ぬという行為は、わたしたち現代人の感覚からすると、おぞましいという以外のなにものでもありません。人柱の事件から菅江真澄の訪問まで二百年近い時間が経っており、本当に伝承通りのことがあったかどうかも定かではありません。しかし、そこまでのことをしなければならないような社会的背景が、この時代には確かに存在したのです。

土木工事の際に人柱を立てることは古い時代から行われてきました。『日本書紀』には仁徳天皇七年の出来事として、茨田堤を築く際に天皇の夢中に河の神が現れ、強頸《こわくび》と茨田連衫子《まんたのむらじころものこ》の二人を供犠として要求したエピソードが記されています。強頸はいわれるままに水に入って犠牲となり、そのため堤は無事に完成します。他方、衫子の方は計略をめぐらして命をまっとうするという話です。

人柱は、中世にもありました。『神道集』に収録された、摂津長柄橋の橋姫の話です。架けても架けてもすぐに橋が壊れてしまうことに頭を痛めた橋奉行は、たまたまそこを通りかかった旅の男と、幼児を連れたその妻とおぼしき女性を無理やり人柱に立てるのです。この女性は橋姫となり、哀れんだ人々は社を建てて橋姫明神として祀ったといいます。

『日本書紀』では供犠を要求したのは河の神でした。神に捧げられた人物は自分から志願したわけではなく、死後に神として祀られることもありませんでした。毎年娘を差し出すことを求めたヤマタノオロチの話を思い出してください。一方的な指名によって神の生け贄にされるパターンは、古代の供犠の一般的な形でした。中世の橋姫の場合も、死後神として祀られてはいるものの、自分が望んだ結果ではありませんでした。

それに対し、前述の太郎左衛門はみずから進んで命を投げ出しました。その理由も周囲の人々が困り苦しんでいるからであって、神に要求されたからではありませんでした。彼は神への奉仕によってではなく他者への献身が原因で、地域の住民から神として崇められるようになるのです。

同じ人柱の話でも、この二つのエピソードの構造は対照的です。世俗レベルの問題解決に尽力した人物が、彼から恩恵を蒙った周囲の人々によってカミに祀り上げられていくところに、近世のヒトガミ信仰の特色を見出すことができるのです。

命を賭した義民が神になるわけ

江戸時代はみずからの命と引き換えに周囲の人々を救ったいわゆる「義民」伝承が数多く生

まれた時代でした。岩手県の沿岸部に位置する陸前高田市周辺には、村上道慶《どうけい》という人物にまつわる伝説が伝えられています。

　道慶は江戸時代の初期に高田村（現在の陸前高田市）にいた人でした。学識を備えた人格者で、住民の尊敬を集めていたといわれます。陸前高田市は気仙川《けせんがわ》が貫流していますが、当時この川の鮭漁の権利をめぐって、川を挟んだ二つの村の関係がこじれ、流血事件にまでエスカレートしていました。どちらの村とも深い関わりをもっていた道慶はこのことに深く心を痛め、みずから頚《くび》を切って人々を諌めることによって、この争いを終結に導くのです。

光照寺の村上道慶の墓（岩手県陸前高田市）

　道慶は「どげさま」「どげさん」とよばれ、神として祀られて、現在も高田一帯の人々に親しまれています。毎年、命日とされる十一月十九日には、市内にある光照寺（曹洞宗）で「道慶忌」が開催されます。

　陸前高田は二〇一一年三月十一日の震災で、最大の被害を被った地です。津波で壊滅した市街地は嵩上げされ、その上に新しい市の中核施設が誕生しつつあります。街を見下ろす丘の上にある光照寺の境内一角に、道慶の墓があります（前頁の写真）。自分の命と引き換えに争いを収めた道慶は、津波に流された街と人々と、いま建設が進められている新しい建物の群れを、どのような思いで眺めているのでしょうか。

江戸時代の義民といえば、もっとも有名な人物は、領主堀田正信の悪政を将軍に直訴して処刑された佐倉惣五郎でしょう。惣五郎は神格化され、「宗吾様」として霊堂（千葉県成田市）に祀られると同時に、彼をめぐるエピソードは潤色され、歌舞伎や講談として人口に膾炙《かいしゃ》します（第５章参照）。一揆の首謀者として処刑された人物が、他の人々のために命を捧げたその行為によって、神としてこの世に再生するのです。

山形県の湯殿山周辺には、みずから志して土中入定を遂げた即身仏（ミイラ）が点在していて、いまも人々の信仰を集めています（第３章参照）。最初の即身仏となった本明海上人をはじめ多くのケースに共通するのは、入定の年が飢饉の最中だったことです。

湯殿山の入定者の多くは下級武士や農民の出身でした。彼らは過酷な修行を重ね、最後は地中に埋められて断食で命を絶ちます。大願成就が「成仏」という言葉で語られている場合もありますが、本来の意味での仏教の悟りの実現でないことはいうまでもありません。即身仏になることと引き換えに目指したのは、人々に降りかかる飢饉などの災いを払い、福運を呼び寄せることができる呪力の獲得でした。

即身仏の場合でも、他者の幸福を願ってみずからの命を投げ出した庶民がおり、その志に応えてその人物を神に祀っていく人々の姿があったのです。

江戸のヒトガミのメカニズム

人々に降りかかる不幸を憂い、それをみずからの身に引き受けた覚悟の死によって、神に祀り上げられる人々が生まれたのが江戸時代でした。絶対的存在が介在しない、新しいヒトガミ発生のメカニズムの確立です。他方で、そうした大それた志とは関わりなく、近世では日常のささいな問題を解決してくれるヒトガミも大量に出現しました。

大阪市天王寺区の一心寺（浄土宗）は、寺に納められた遺骨で造られた「骨仏」で有名です（第1巻 第21章参照）。この寺の境内にある本多忠朝の墓は、禁酒を誓う者や酒乱の家族の更生を願う人々の信仰を集めています。忠朝は徳川家の重臣であった本多忠勝の次男として生まれました。関ヶ原の合戦で活躍して恩賞に預かりますが、大坂冬の陣では飲酒のために不覚をとってしまいます。その汚名を返上すべく夏の陣において奮戦し、戦死を遂げました。死の間際、「将来、酒のために身を誤る者を助けよう」という言葉を残したため、「酒封じの神」として知られるようになったと伝えられています。

いま巨大な五輪塔の形をした忠朝の墓を囲む壁には、酒断ち祈願の言葉を記したたくさんのしゃもじが掛けられています（写真）。

一心寺（大阪市）の本多忠朝の墓と祈願所

忠朝自身が酒封じを助けようと遺言した話は、後世の創作であることはいうまでもありません。にもかかわらず、なにかをきっかけとしてヒトガミ創成のメカニズムが起動して、忠朝は神に祀り上げられることになりました。それが近世という時代だったのです。

イキガミの出現は幕末に向けてエスカレートしていきます。この時期、イキガミを生み出す代表的な土壌となったものが、天理教・金光教・黒住教などの民衆宗教でした。天理教の教祖中山みき、金光教の教祖赤沢文治（川手文治郎）、丸山教の教祖伊藤六郎兵衛、大本の開祖出口なおは、みな農民など庶民層の出身であり、神の啓示を受けて新たな信仰の布教を開始します。

教祖たちの教えの説き方に違いはあっても、みずからが神であることを否定しませんでした。それだけでなく、広く信徒や人間一般のなかに神性を見出そうとしました。そこでは性別や身分が問題にされることはありませんでした。その結果、幕末にはこの日本列島に大量ヒトガミが充満するという事態が生じるのです。

近代化は脱宗教と世俗化のプロセスであるといわれます。しかし、そうした常識とは対照的に、日本列島では近代に向けて神の発生が加速するのです。これはいったい何を意味するのでしょうか。

国民国家をも支えたヒトガミ

近代国家は「国民国家」といわれます。前近代の国家は、その内部に身分や階層による固定的な区分を抱えていました。江戸時代の「士農工商」といわれる制度がまさにそれでした。一つの国家のなかに、利害関係を異にする複数の集団が存在するのが前近代社会の特色だったのであり、そこでは国家全体よりも支配者集団の利益の方が、当たり前のように優先されていたのです。

支配の底辺に位置する階層にとっては、だれが統治者の位置に座るかは本質的な問題ではありませんでした。問題はその支配が、自分たちの生活向上に役立つか、役立たないかという一点でした。生活の安定と質が保証されるならば、支配者が異国の人間でも、極言すれば鬼や悪魔であっても構いませんでした。それが失うもののない者にとっての体制選択の基準だったのです。

それに対し、近代の国民国家は、すべての人民をひとしなみに「国民」として把握するところにその特色があります。近代社会でも人々はさまざまな集団に所属していますが、「国民」が最上位の区分でした。社長であろうが、ヤクザであろうが、それ以前にすべての人間は一人の国民でした。それらの多様な人々に同じ運命共同体に属することを自覚させ、連帯を促す役割を担ったものが、ナショナリズムだったのです。

なぜ、十九世紀から一斉に国民国家が生まれるのでしょうか。その背景についてはさまざまな説がありますが、わたしは支配される人々の上昇と解放の欲求が、身分制社会を解体に追い込む最大の要因であったと考えています。江戸後期から幕末にかけて顕著となるヒトガミの簇《そう》生《せい》は、一人の人間としての尊厳の承認を求める庶民層の願望が、この時期、急速に高まったことを意味するものでした。

幕末の段階で、庶民の肯定的な自己認識と上昇志向は、もはや幕藩体制下の硬直した身分秩序には収まり切らないレベルにまで達していました。すでに幕末の段階で、国民国家誕生の機は熟していたのです。こうした時代思潮を背景にした幕末維新の動乱は、単なる権力闘争ではありませんでした。長期間の熟成を経た新たな人間観のうねりが既存の身分制度に突き当たり、それを突き破ろうとする巨大な地殻変動だったのです。

明治政府はヒトガミになるという形を取って噴出していた人々の上昇の欲求を、頭から否定するのではなく、国家システムに組み入れることを目指しました。国家がヒトガミを生み出す権限を独占しようとするのです。

天皇のために命を捧げたものは神として永遠に靖国神社に祀られるという論理は、まさにその試みのなかから誕生したものでした。国民を神に上昇させることのできる権限をもった唯一の存在が天皇であったために、天皇の宗教的権威はどこまでも突出したものである必要がありました。現人神《あらひとがみ》としての天皇が浮上する必然性はここにあったのです。

欧米列強による植民地化を退けた急速な近代化の達成という光の面と、現人神を奉じて破局への道を突き進むという陰の面をもつ近代日本の歩みは、江戸時代に遡るヒトガミの大量発生と深く関わるというのがわたしの見方ですが、皆様はどのように思われるでしょうか。

3

神社全域が死すべき者たちへの仏教の救いを思わせるのはなぜか

湯殿山　山形県鶴岡市

六十里越とされた湯殿山参詣

山形県の中央に位置する月山《がっさん》は、一千九百八十四メートルの標高をもつ独立峰です。東北屈指の名山として、また山頂にある月山神社への信仰によって、全国にその名を知られています。内陸の村山盆地からも、海沿いの庄内平野からも、長い裾野を曳くその優美な姿を望むことができます。新緑の季節から盛夏にかけて、真っ白な残雪に覆われた山容が日差しに照り映える光景は、ことに印象的です。

かつて月山の南麓には、山形県沿岸部の鶴岡と内陸の山形を結ぶ「六十里越」とよばれる街道が走っていました。六十里越は交通の大動脈として多くの往来者で賑わっていましたが、その実態は、冬には閉鎖される険阻な山道でした。明治になり新道が開削されたことにより、六十里越からいったん人の姿は途絶えます。しかし、近年になってトレッキングコースとして整備され、気軽に古道の散策を楽しむことができるようになりました。

茅葺きの多層民家が残る田麦俣《たむぎまた》（鶴岡市）の集落は、このルート上に位置しています。田麦俣は内陸側に位置する本道寺（西川町）とともに、かつては六十里越の中心的な宿場の機能を果たしていました。いまは古い民家の見学に加えて、地元産の蕎麦粉を用いた手打ち蕎麦が食べられる観光スポットとして人気です。

田麦俣からトレッキングコースに足を踏み入れれば、目の前に広がるのは落葉広葉樹の森です。ブナの新芽がいっせいに吹き出し、林床のユキツバキが開花する春、蕎麦が霞のような白い花をつける夏、木々が思い思いの鮮やかな錦繍を身にまとう秋――季節ごとに、折々の風情を堪能できます。

いま山形自動車道・月山道路を使えば一時間で通り抜けることのできるこのルートを、江戸時代の人々は何日もかけて、難儀しながら歩きました。六十里越を通る理由は人それぞれでしたが、もっとも多くの旅人が目的としたのは湯殿山《ゆどのさん》への参詣でした。

田麦俣はそれらの参詣者たちの宿泊地として繁栄していました。本道寺も単なる旅館ではなく、やはり宿坊としての機能をメインにしていました。維新期の内乱で焼失してしまいましたが、本道寺にはかつて東北随一といわれる真言宗の巨大寺院が存在し、毎日が縁日のような賑わいをみせていたのです。

語ることを禁じられたご神体

今回皆様をご案内したいのは、この湯殿山です。湯殿山は月山、羽黒山とともに「出羽三山」と呼び習わされている霊場です。月山は特色ある姿をした二千メートル近い高山です。羽黒山は高さこそ四百メートルほどしかありませんが、庄内平野のどこからでも目にすることのできる山です。

それに対して、標高一千五百メートルの湯殿山は、山としての存在感は極めて希薄です。麓から「あそこ」と指し示すことのできるような山ではありません。月山の山裾から突き出したこぶ、といった方が適切な形容かもしれません。かつて湯殿山は出羽三山に入っていませんでした。月山と庄内の鳥海山、そして村山（山形）盆地に臨む葉山が三山を構成していた時代もあったのです。

湯殿山にはいくつかの参詣ルートがありました。一六八九（元禄二）年の旧暦七月八日、松尾芭蕉は羽黒山の宿坊を発って月山山頂を目指しました。長い登山道を踏破し、寒さにたえながら山頂の小屋で仮眠をとった後、山を下って湯殿山に参詣しています。『奥の細道』には、湯殿山で雪に埋もれて咲く季節外れの桜をみた感慨が記されています。

芭蕉が通ったのは、羽黒山から入って三山を巡る健脚向きのルートで、普通の人が気軽に歩けるような道ではありません。当時の湯殿山参詣の一般的なコースは、本道寺や田麦俣を経由して六十里越から分け入るものでした。

赤い鳥居が際立つ湯殿山神社入り口の仙人沢

かつての六十里越街道に沿って走る月山道路を鶴岡に向かうと、湯殿山方面を示す標識が現れます。指示に従って北に分岐し、湯殿山有料自動車道に入ると、ブナやダケカンバの森はしだいに深みを増し、その彼方に剥き出しの赤茶けた山肌が迫ってきます。巨大な赤い鳥居のある仙人沢駐車場で車を降り、シャトルバスに乗り換えて沢沿いの狭い道をしばらく登ります（写真）。終点でバスを降りて参道を辿れば、目的の湯殿山神社はすぐそこです。先ほどご紹介した田麦俣からのトレッキングコースを辿れば、仙人沢駐車場までは四時間ほどの上りとなります。

湯殿山神社は梵字川の渓谷沿いに位置しています。神社の手前には禊場《みそぎば》があり、参拝の前に、裸足になって浄めのお祓いを受けなければなりません。いただいた紙の人形《ひとがた》に息を吹きかけて、身の穢れを水に流した後、奥に進めばいよいよご神体との対面です。

ご神体は茶褐色の巨岩です。背景の森の緑と顕著なコントラストをなしています。表面を噴き出した湯が伝わって流れ落ちています。温泉の成分が長い時間をかけて蓄積されたドームで、妊娠した女性の下腹部を象徴するものともいわれます。しかし、そういった理屈を超えて、ご神体と対面するたびに、わたしは言葉にできない衝撃を受けてしまいます。

松尾芭蕉もおそらくそうだったのでしょう。いまわたしはご神体の印象を記してしまいましたが、湯殿山神社で見たり聞いたりしたことを語るのは、長らくタブーとされてきました。芭蕉が参詣の印象を「語られぬ湯殿にぬらす袂《たもと》かな」と詠んだのは、そうした背景があったのです。

参拝を終えた出口には足湯が設けられています。ウグイスの声を聴き、群れ飛ぶアキアカネを眺めるなど季節の風情に浸りながら、ゆったりとした気持ちになって、参拝の余韻をかみしめる時間をもつことができます。

神仏分離前の姿が明瞭な神域

出羽三山は死の匂いの立ち込めた世界です。山麓一帯には死を意識させるさまざまな習俗や行事がいまに伝えられています。

日本海に面した庄内地方では、旧盆明けの八月二十日過ぎに、「モリ供養」という宗教儀礼が行われています（第1巻 第17章参照）。庄内には「モリ」とよばれる里山があり、花や供物を携えてそこに登って、有縁・無縁の死者の供養を行うのです。鶴岡市の三森山と庄内町の白狐山が有名で、前者を「西のモリ」、後者を「東のモリ」と呼び慣わしています。

モリ供養の背景には、死者の霊魂が死後、故郷近くの山（ハヤマ）に留まるという、この地域に共有された観念があるといわれます。日本では、死者が里近くの山に住んで縁者と親しく交わると論じたのは、柳田國男でした。それを裏付けるような習俗が、庄内地方では行われているのです。

モリの山やハヤマに留まって親族縁者と交流する死者の霊魂は、清らかな地で子孫からの供養を受け続けることによって、生前身に付けていた怨念や執着をしだいに洗い流し、聖なる存在へと上昇していきます。死霊から祖霊＝「ご先祖さま」に至るステップを、ゆっくりと歩んでいくのです。そして魂の浄化が完了すると、より神界に近い高みを目指し、奥山に向けて旅立っていくのです。

庄内地方では、魂が最終的に帰るべき場所は霊峰月山でした。三森山では希望する人に赤い梵天（御幣）が配られますが、これは鳥をイメージしたものといわれています。先祖の霊がこれに乗って月山を目指すのです。

直木賞作家の熊谷達也氏の作品に『迎え火の山』があります。そこでは、月山に住む先祖を招くための迎え火を復活させようと奔走する、地元の青年団の活動が描かれています。デフォルメされてはいるものの、この作品の背景には、月山山麓の人々が共有する「死者の住む山」という観念があるのです。

芥川賞を受賞した森敦の『月山』は、月山の山懐に深く入り込んだ注連寺（真言宗智山派）で、主人公が雪に埋もれて、集落の人々とともに一冬を過ごす話です。そこには、曖昧となった生と死の境界を行き来する主人公の揺れ動く心が描かれています。注連寺は現世とこの世ならぬ領域とが交錯するスポットだったのです。

死の匂いのする山は月山だけではありません。明治維新の神仏分離によって神社となった羽黒山は、この世でのご利益を願うたくさんの参詣者を集めていますが、その核心部分に濃厚な死の領域を抱え込んでいます。

現在、神社としての羽黒山の中核をなす施設は、月山、湯殿山、羽黒山の神々を山上の一カ所に祀った三神合祭殿です。この巨大な建造物を取り巻く山上一帯が羽黒山のもっとも聖なる領域であり、麓から何重もの門や鳥居によって厳重に結界されています。

羽黒山霊祭殿の周囲には地蔵などの石仏群

三神合祭殿の近くに霊祭殿という建物があります。ここは神仏分離までは仏立堂、地蔵堂と呼ばれていました。案内板には、羽黒山はモリの山であり、霊祭殿はこの山に鎮まる先祖の霊を供養するための施設であると書かれています。

しかし建物周辺の雰囲気は、神域としては著しく異様です。水子地蔵尊が安置され、おびただしい数の風車や卒塔婆が林立しています。死者の衣服を着せられた石像が並んでいます（写真）。死の穢れを徹底的に排除したはずの羽黒山の最深部で、生々しい死者の視線と息遣いを感じ取ることができるのです。

数年がかりの即身仏への苦行

出羽三山と死後の世界との関わりを考えるとき、見落とすことができないものが湯殿山の即身仏です。全国には十七体の即身仏が存在するといわれますが、半数近い八体が山形県にあります。庄内地方にはそのうち六体が集中しています。

即身仏とはミイラのことです。ミイラは世界各地にみられますが、湯殿山系の即身仏の特色はみずからの意思でミイラになることを決意し、そのために想像を絶する苦行に挑戦するところにあります。エジプトの王が、死後に第三者の手によって加工されてミイラとなっていくのとは、根源的にプロセスを異にしています。

わたしたちが身をもって体験しているように、日本の夏は高温多湿を特色としています。こういった気候のなかに遺体を放置すれば、あっという間に腐敗して、原型を留めない姿になってしまいます。

それを防ぐには、生前に体脂肪を徹底して減らす必要がありました。そのために行われたものが十穀断ちであり、木食《もくじき》修行です。山に籠って米・麦から豆・ヒエ・粟といった穀物の摂取をやめ、木の実や山菜だけで命をつないでいくのです。いまでいうダイエットなどとは根本的に次元を異にする、命をかけた修行でした。

木食を数年にわたって継続し、体脂肪が完全に失われたところで、修行はいよいよ最終段階に入ります。それが土中入定《どちゅうにゅうじょう》です。土に穴を掘って石室を作り、そのなかに籠って命終のときまで鉦《かね》を鳴らし、お経を唱え続けるのです。

上から土を被せられた石室には、換気のために節を抜いた竹が通されました。読経の声が途絶え、鉦の音が消えたときが、行者の入定の瞬間でした。その後いったん石室が開かれ、姿形を整えられた行者は、再び埋め戻されて石室で数年の時を送り、やがていまわたしたちが礼拝するような即身仏となっていくのです。

それにしても湯殿山の行者たちは、なぜこれだけの難行苦行を厭うことなく、みずからの命と引き換えに入定の道を選んだのでしょうか。長期間にわたる木食に耐え、生きながら土中に埋められるという重圧を跳ね返す精神力は、どこから生まれてきたのでしょうか。

いまにも伝わる即身仏のご利益

即身仏となった行者は、悟りを求めて自分だけの修行に専念するのではなく、困った人々の役に立つべく、さまざまな社会的実践を行ったことが伝えられています。

森敦の『月山』の舞台となった七五三掛《しめかけ》の注連寺には、鉄門海上人のご遺体が即身仏として祀られています。境内にはカスミザクラの古木、七五三掛桜があり、月山を望む景勝の地です。

鉄門海上人は鶴岡藩領の大宝寺村に生まれ、川人足を経て出家の道に入りました。東北の各地にその活躍の足跡が残されています。

湯殿山で今も崇められる真如海上人即身仏
（瀧水寺大日坊公式パンフレットより）

クラゲラーメンが食べられるクラゲの水族館で有名な加茂の港は、城下町鶴岡の外港の役割を果たしていました。途中には急峻な加茂坂峠があって、往来する人々は難儀を強いられていました。これを見かねた鉄門海上人は、ボランティアを募ってこの街道の改修に乗り出しました。いまも旧道沿いには上人の業績を称える石碑が残っています。

眼病が流行った折には、その退散を願ってみずからの左目を抉り出したという伝説もあります。学術調査によって、いまのご遺体に左目がないことが確認されています。入定は一八二九（文政十二）年のことでした。

注連寺に程近い大網の大日坊（真言宗豊山派）には、真如海上人が安置されています（前頁の写真）。彼もまた農家の出身で、福祉活動を熱心に遂行しました。土中入定を果たした一七八三（天明三）年は、江戸の「四大飢饉」のなかでも最悪といわれる天明の飢饉の真っ最中でした。真如海上人の入定の背景には、この飢饉の沈静化への祈りと、亡くなった人々に向けられた供養の志があったといわれています。

十七世紀に遡る最古の即身仏といわれる本明海上人を安置する本明寺（真言宗智山派）は、六十里越の街道が山岳地帯を抜けて庄内平野に出たところにあります。村を見下ろす高台に、上人が土中入定を遂げたスポットが残されています。入定にあたって、善なる心による願い事はどんなことでも叶えよう、と言い残したと伝えられています。

湯殿山麓の即身仏の村では今でも雨の夜などに、「オンギョウサマ」とよばれる修行者が土中で叩く鉦の音が聞こえてくることがあるといわれています。人々の幸福を願って即身仏の道を選んだ行者の深い思いが、まだその地に染み付いているからなのかもしれません。

4

だれもが死して神になれるとする考えが日本近代化に必要だったわけ

櫻山神社　山口県下関市

コリアタウンになぜ神社か

今回訪問する先は、仏教寺院ではなく、関門海峡に面した港町、山口県の下関市にある櫻山《さくらやま》神社です。ＪＲの下関駅から、歩いて二十分ほどの距離です。

駅から続くペデストリアンデッキを進むと、いきなり韓国の伝統紋様である三太極が描かれた大きな門が目に飛び込んできます。華やかな彩色を身にまとったこの門には「釜山《プサン》門」という額が掲げられています。門を抜けた先に、グリーンモールとよばれる商店街が続いています。

わたしが初めてこの地を訪れたのは、十年ほど前のことでした。ここを通ったとき、街の雰囲気が、わたしが好んで足を運ぶ韓国の下町に似ているという印象を受けました。韓国風の焼肉店や、韓国の食材を扱う店が軒を並べています。衣料品店の店頭には、チマチョゴリが展示されています。ハングルの看板も目につきます。それもそのはずです。後で知りましたが、この一帯は「リトル釜山」とよばれる地区なのです。

下関は、古くから朝鮮半島と深い関わりのある街でした。朝鮮が鎖国主義を改めて開国の道を選び、やがて日露戦争を経て日本に併合されると、下関と半島の玄関口である釜山を結ぶ航路が開かれて、たくさんの人々が海峡を行き交うようになりました。

日本の敗戦と朝鮮戦争によって、両国間の往来は一旦休止に追い込まれますが、一九六五年の日韓国交正常化を機に交流が再開します。一九七〇年からは、関釜フェリーが毎日一便運行し、大きな荷物を担いだ行商人が行き来するようになりました。

そうした縁もあって、一九七六年には、下関市と釜山市の間で姉妹都市の調印が行われました。件の釜山門も、姉妹提携三十五周年を記念して二〇一一年に設置されたものです。下関に在日韓国人・在日朝鮮人が数多く住むのは、こうした歴史を背景としています。グリーンモール一帯は下関のコリアタウンの中心地なのです。

いまでも両市の間では、活発な文化・経済両面での交流が進められています。毎年十一月二十三日（いいプサンの日）には、グリーンモールをメイン会場として「リトル釜山フェスタ」

が開催されます。

韓国の伝統芸能を披露するステージが設けられ、韓国料理の屋台や韓国雑貨を売る店が並んで、通りは人であふれます。

幕末に創建された神社の役割

櫻山神社はグリーンモールを抜け、山陽線の高架を潜ってしばらく歩いた先の高台に位置しています。

入り口には「櫻山招魂社」の文字が刻まれた標柱があり、鳥居をくぐると丘の上に向かって石段が続いています。階段を登り切ったところにもう一つ石鳥居があり、その先が神社の境内です（次頁の写真）。

かつては高杉晋作率いる奇兵隊の練兵場であったというこの地は、開けた見通しの良い場所であり、櫻山神社の名称の由来となった桜の木が数多く植えられています。わたしはこの神社を二度訪れていますが、どちらも三月末の花が満開の時期でした。参道正面に位置する社殿には、吉田松陰と高杉晋作の像が安置されています。

櫻山招魂場という本来の名称が示すように、櫻山神社は一八六三（文久三）年、戦場で亡くなった奇兵隊兵士を顕彰するために、高杉晋作が発議したことが起点となっています。落成したのは二年後の一八六五（慶応元）年のことでした。

一八五三年にペリーの艦隊が浦賀に来航して以来、日本では鎖国と開国いずれの道を選択するかをめぐって、国を二分する激論が起こります。その議論は日米和親条約（一八五四年）、日米通商修好条約（一八五八年）の締結後も止むことがなく、一八六三年には孝明天皇の強い意向に逆らえないまま、幕府は攘夷の決行を約束させられます。

桜の木が数多く植えられた下関の櫻山神社

夷狄《いてき》排撃論の最先端にあった長州藩は、早速攘夷を実行に移し、関門海峡を通過する外国船に砲撃を加えました。しかし、アメリカ・イギリス・オランダ・フランス連合艦隊による徹底した反撃を受け、砲台は壊滅し、多くの死傷者を出します。下関戦争（馬関戦争）です。

この事件をきっかけに、長州藩は攘夷の無謀さを思い知らされ、イギリスと連携を深めながら討幕へと舵を切ります。

薩長同盟が締結され、幕末維新の動乱の時代を迎えるのです。

神社の本殿の裏手に回ると、鳥居と垣で区切られた敷地に、花崗岩に名の刻まれた膨大な数の石柱（霊標）が整然と並んでいます（写真）。正面中央に位置するのが吉田松陰です。その両脇にいるのは、高杉晋作と久坂玄瑞です。「奇兵隊小者喜八郎」といった、姓を持たない庶民層の人々もたくさんみうけられます。

櫻山神社に林立する神霊とされた石柱の数々

すべての霊標には名前の後に「神霊」という敬称が付されています。下関戦争以降の戦乱で命を落とし、あるいは勲功をあげた長州藩関係者三百九十一柱が、ここで神として祀られているのです。

石柱はすべて同一規格です。松蔭が一段高くなっていますが、後で台座が継ぎ足されたためで、石の大きさそのものに違いはありません。ここでは身分階層に関わりなく、だれもが平等に扱われています。

国難に殉じた死者を神として祀る神社としては、なんといっても維新後に造営される靖国神社が有名です。しかし、櫻山招魂場ではすでに幕末の段階で、同等のシステムがほぼ完成していました。靖国神社は幕末以来の招魂社の伝統を受けて誕生したものだったのです。

国民国家のため創られた伝統

わたしは霊標が林立する櫻山招魂場の光景を初めて目にしたとき、大きな衝撃を受けました。近代国家としての日本を支える原理が、幕末の長州藩でほぼ完全な形で実現しているように見えたからです。

近代国家は一般的に「国民国家」という概念で把握されてきました。国民国家とは、民族と社会・経済システムを同じくし、文化と言語を共有する「国民」によって構成される国家です。日本語を話し、同一の歴史的・文化的基盤に立脚する「日本人」によって作られているいまの日本国が、まさにそれにあたります。

国民国家の成立はイギリス・フランスが先行し、十九世紀の後半になるとドイツ・イタリアなど、ヨーロッパを中心に続々と新国家が誕生します。国王が主権を掌握していた前近代の政治体制と違って、国民国家はそれを構成する個々の国民が主権の担い手となったところに特色がありました。人民の地位の向上と人権意識の覚醒に果たした国民国家の役割は、きわめて大きなものがありました。

民衆の大きな期待の中で出発した国民国家ですが、過激なナショナリズムや人種主義が高揚する二十世紀の後半以降、その問題点がクローズアップされてくるようになります。国民国家では例外なく、長い期間にわたって国民が育んできた伝統や文化が強調されますが、それは多くの場合、フィクションであり、近代になってから新たに「創られた伝統」（エリック・ホブズボウム）でした。

虚構の伝統は国民の団結を促すためのものでしたが、そこから生まれる激しいナショナリズムは、しばしば異民族排斥と侵略の口実となりました。また、国内に文化・宗教・言語を異にする少数派＝「非国民」を作り出し、新たな差別を生み出す原因となったのです。

そのメカニズムは戦前の日本を見ればよく分かります。日本は万世一系の天皇を戴く世界に冠たる「神国」であり、アジアの諸民族をリードして世界統一を成し遂げる使命があることが強調されました。それが海外侵略を促し、朝鮮人差別を増幅し、その果てにどのような結末をもたらしたかは、歴史の教える通りです。

戦前の日本が暴走した原因として挙げられるのが、欧米に比較した場合の国民国家としての未熟さでした。近代国家は国家と宗教を分離する世俗国家の形態をとりますが、日本では天皇の神格化が進められ、国家神道が事実上の国教の位置を占めます。民主主義も定着しませんでした。そうした近代日本の異形性は、国民国家としての後進性によるものであると説明されてきたのです。

戦死者を神として美化する靖国神社は、まさに近代になって捏造された伝統であり、遅れてきた国民国家としての日本を象徴する現象にほかなりませんでした。

だれもが神になれる宗教の出現

わたしはかねてよりこうした議論に啓発される一方で、その主張に若干の違和感を感じてきました。「創られた伝統」として批判するだけでは、戦死者を神として祀る「ヤスクニの思想」の深層にまで踏み込むことができないのではないか、と考えたのです。

江戸時代の社会はその内部に「身分」という強固な差別のシステムを抱え込んでいました。支配階層である武士とそれ以外の階層民との間には、髪型や服装など、一目で分かる区別の標識が設けられ、それを侵犯することは厳しく禁止されていたのです。

江戸時代も後期に入ると、庶民の間で身分差別に対する息苦しさの感覚が強まり、反発の動きが見られるようになります。それは庶民が分を超える服装をしたり、世直し一揆や打ちこわしの運動に参加したりする行動に現れましたが、より一般的な形態は神になろうとすることでした。

江戸時代の初めには、神になれたのは将軍や藩主だけでした。しかし、時代が降るに従って階層は降下し、庶民が神として祀られることが当たり前のようになっていくのです。

幕末に叢生する金光教や天理教などの民衆宗教では、教祖だけでなくすべての信者が等しく神であることが強調されました。身分差別に対する被支配層の無意識の不満が「すべての人間は神である」という言動として噴出することになったのです。

民衆の解放願望を示すキーワードの一つが「神」であるとすれば、もう一つのそれは、「記憶」でした。前巻の「回向院」で述べたように（第2巻 第18章参照）、江戸時代には、自身がこの世に生きた証として、また死後の平安のために、親族による「記憶」の維持が重視されるようになっていました。それが「ご先祖」＝神に上昇するための不可欠の条件でした。生前に神になれなかった人も、供養の継続によってその願望を実現することが可能となるのです。

「神」と「記憶」への切望は、幕末においてますますエスカレートしました。戦死した仲間を身分に関わりなく神霊として敬い、個人の名においてその行動を顕彰して永く記録に留めようとする櫻山神社の招魂祭祀は、まさにそうした民衆の願望に応えるものであり、国民国家の戦死者供養に先行するものだったのです。

幕末には墓碑によって名を留め、子孫が折々に供養を行う風習は上層農民や商人層まで下降しましたが、願っても家族をもてない下層民はなお大勢いました。奇兵隊はそれまでの武士層による軍編成とは異なり、身分を超えた人々が集う集団でした。徴兵制度によって編成される、近代国家の国民軍を先取りするような性格をもっていました。

奇兵隊員として戦死すれば、いかに低い身分でも死後には神として末永く顕彰され、上位身分の者からも崇敬と礼拝の対象となるのです。江戸時代の民衆が願い続けても容易に叶わなかった、一人の人間としての承認と死後の安楽を一気に成就するシステムが、そこには存在したのです。

招魂社とそれを継承する靖国神社は、死者を記憶し神に祭り上げるための見事に完成された装置でした。それは、記憶され供養され続けたいと願いながらも、それを実現できなかった身分階層（墓を建てられない人々）にまで光を当て、その水平化への願望を国家への献身として絡めとっていく役割を果たすものだったのです。

身分制社会の解体と国民国家形成に向けた底辺からの蠢動《しゅんどう》は、すでに幕末の段階で機が熟していました。それが明治維新以降の急速な近代化を可能にしました。

靖国神社は近代国家が生み出した、近代固有の問題ではありません。招魂者と靖国神社がもつ重みの背景には、数百年にわたって大衆が希求し続けた、平等と解放への願望が潜んでいたのです。

靖国神社創設の意味を改めて問う

ナショナリズム沸騰の今こそ

いま日本には、靖国神社を、わが国古来の「死者の御霊を神として祀り崇敬の対象とする文化・伝統」を踏まえた「日本固有の文化実例」（靖国神社ホームページ）と捉える見方があります。他方で、戦死者を神として祀る靖国の思想を、近代になって創り上げられたフィクションとする見方があります（写真）。

この本を読まれてきた皆様ならお分かりになると思いますが、日本列島における死者と死後世界のイメージは幾度も劇的な変容を遂げてきました。「ヤスクニの思想」（拙論「ヤスクニの思想と記憶される死者の系譜」『思想』一〇九五、二〇一五年）は決して単純な日本古来の伝統ではありません。しかし、その思想を政治的な思惑にもとづくゼロからの捏造とする主張も、それがもつ重みと幕末維新期の民衆に与えたインパクトを、あまりにも軽視するように思えてならないのです。

近代日本が聖なる王権を戴く神国という形態になったのは、不平等な身分制社会からの解放を求める民衆の願望が「神になる」という志向性を取ったことに規定されてのものでした。そのため、国家のために身を捧げた臣民を神にできる唯一の媒体である天皇は、誰よりも強力な「現人神」でなければならなかったのです。

神国日本は、戦後の進歩的知識人である丸山眞男らが論じたような、後進国家日本が受け入れざるをえなかった宿命ではありませんでした。西欧とは異なる国民国家形成のもう一つの形態でした。どちらも国民に過酷な身分差別からの解放をもたらす一方で、国内外の国民ならざる人々に新たな差別の眼差しを生み出すことになるのです。

どの地域でもナショナリズムが沸騰している今日、わたしたちは近代国家誕生の歴史を複眼的に見据えた上で、今後の日本と世界のあり方を熟考していく必要があるのではないでしょうか。

5 かつて人のため命を賭した義民が近代に本尊とされたのはなぜか

宗吾霊堂　千葉県成田市

人の御霊が本尊になったお寺

京成線の宗吾《そうご》参道駅（千葉県成田市）を出ると、今日の目的地である宗吾霊堂に向かう立派な参道が、緩やかな傾斜を保って、北に向けてゆったりと伸び上がっていました。わたしがこの地を訪れたのは二〇二二年の三月下旬のことです。穏やかな日差しが降り注ぐなか、わたしは道沿いの住宅の庭に植えられた色とりどりの春の花を眺めながら、坂を登っていきました。

周囲の風景はどこにでもあるような郊外の街並みです。駅からすぐの場所に、道を挟んで巨大な二基の石灯籠が立っています。台座には「宗吾霊前」という文字が刻まれています。

坂を上り詰めたところが丁字路になっていて、そこを右に折れると、前方に一群れの木立が目に入ります。その方向に向かってそのまま道沿いに進むと、寺の大門に行き当たります。ここが鳴鐘山東勝寺（真言宗豊山派）、通称「宗吾霊堂」です（写真①）。

大門を抜けて奥に進むと立派な仁王門があり、その先が大本堂です。大本堂には本尊として「宗吾霊尊」が祀られています。この寺では、佐倉惣五郎（宗吾）という人物の御霊《みたま》が本尊となっているのです。

① 宗吾霊堂の大門の奥が大本堂

② 東勝寺の佐倉惣五郎と子供の墓

人が人間を超えた存在＝神として祀られる現象は、日本列島では決して珍しいことではありません。これまでも仙台の瑞鳳殿や青森県の福田宮堰神社、山口県の櫻山神社などを取り上げてきました。しかし、それらの人神《ひとがみ》を祀る施設は皆、神社形式でした。純然たる仏教寺院が、かつて実在した人物を本尊として祀ることはきわめて異例です。

境内には佐倉惣五郎と、その子供の立派な墓もあります（前頁の写真②）。なぜ宗吾は供養される対象としての立場を超えて、人々が祈りを捧げる本尊に祭り上げられることになったのでしょうか。どのようなプロセスを経て、「厄除け・家内安全・身体健全・交通安全・諸願成就」（宗吾霊堂の公式ホームページより）を祈願する神へと上昇したのでしょうか。

百年以上を経て蘇る宗吾伝承

宗吾霊堂が祀っているのは、江戸時代の初めに生きた佐倉惣五郎の御霊です。この人物については、その実像がほとんどわかっていません。本名は木内惣五郎で、江戸時代初期に、下総国佐倉藩印旛郡公津村《いんばぐんこうづむら》（現在の成田市）に住む名主《なぬし》クラスの有力農民だったようです。なんらかの理由で子供四人とともに処刑されたと伝えられています。

宗吾に関する具体的な情報はこの程度しかないのですが、彼にまつわるエピソードは後世になって伝説として膨らんでいきます。地元に伝わる『地蔵堂通夜縁起』というテキストを素材として、その概略を辿ってみることにしましょう。

時は江戸時代の初めに遡ります。当時の佐倉藩主堀田正信は領民への課税を強化し、人々は生活苦にあえぐようになります。村の名主たちは、幾度も年貢の減免を藩に願い出ますが、認められることはありませんでした。

困り果てた名主たちは遂に最後の手段に出ます。大名を統括する徳川将軍の外出時を狙って、直接領民の困窮ぶりを訴える「直訴《じきそ》」を敢行するのです。一六五三（承応二）年のこととされています。

この直訴は宗吾が一人で行いました。結果として要求は受け入れられ、領民は救われました。ただし、領主を飛び越しての直訴は、厳しい処罰の対象となるのが常でした。宗吾は磔《はりつけ》の刑に処せられます。その累は妻と四人の男児にも及び、全員が死罪となるのです。

刑場に引き出された宗吾は、万民を救うための私利私欲を捨てての行動なのに、子供まで巻き添えにするのは非道の極みである、と語ります。その上で、自分の恨みがいかほどであったかを、領主の正信とその子孫に思い知らせてやろうと述べて、息絶えるのです。

果たしてこの宗吾の言葉を裏付けるかのように、以後堀田家では不吉な出来事が続くようになります。懐妊していた正信の妻に次々と怪異現象が降り掛かり、祈祷などの対策にもかかわらず命を落とすに至ります。正信自身も正気を失うようになり、それが引き金となって領主の地位を罷免されてしまうのです。

これが義民としての宗吾伝承とその復讐劇のあらましですが、この話が広く人口に膾炙《かいしゃ》するようになったのは、百年以上の時間を隔てた十八世紀の後半以降のことでした。そのきっかけとなった出来事が、老中就任に伴う山形藩主堀田正亮《まさすけ》の入封です。

正亮は正信の弟の血筋を引く人物でしたが、何らかの形で宗吾をめぐるエピソードと、正信への祟りの噂を耳にすることになったのでしょう。一七四六（延享三）年にこの地に入ると、宗吾の霊を祀る神社（口《くち》の明神）を建立し、定期的に祭礼を開催するように命じました。これをきっかけとして、義民としての宗吾にスポットが当たるようになるのです。

歌舞伎のブームに乗り本尊に

幕末になると、佐倉宗吾を一躍全国区に引き上げる事態が出来《しゅったい》します。一八五一（嘉永四）年、江戸の中村座で初演された歌舞伎、「東山桜荘子《ひがしやまさくらそうし》」の大ヒットです。

「東山桜荘子」では、主人公の佐倉宗吾は浅倉当吾の名で登場します。宗吾たち農民が対決する領主は将軍家の分家となっており、宗吾夫妻と子供たちに対する生々しい拷問と惨殺のシーンなど、幕府批判の色彩がかなり鮮明に現れています。

劇中では、領内のものは民百姓から虫ケラに至るまで、すべて自分の思いのままであると語る領主の支配者意識とそれを批判する農民たちの主張、藩内での収奪派と善政派の論争など、かなり踏み込んだ政策論議が交わされています。幕藩体制崩壊直前の人々の政治意識を窺わせる、たいへん興味深い史料としても読むことができます。

歌川国芳が描く歌舞伎「東山桜荘子」の一場面
（別冊『太陽』「幽霊の正体」平凡社刊より）

おりしも支配体制への大衆の不満が高まり、打ちこわしや一揆が頻発する時期でした。そうした不安定な社会状況のなかで、権力者の非道を批判し、仮借ない祟りを加える宗吾のイメージが共感をもって庶民層に受け入れられていったのです。また舞台中の名場面は錦絵に仕立てられ、市中に流布していきます（写真）。

これによって義民としての宗吾の名は世間に知れ渡るようになりましたが、そのブームは明治になっても止むことはありませんでした。

明治十年代に入ると、民選議員による国会開設を求める自由民権運動が盛り上がりますが、宗吾は民権運動の先駆者として顕彰されるようになります。彼の活躍ぶりは講釈や浪花節にまで取り上げられて、誰もが知る有名なエピソードになっていくのです。

東勝寺（宗吾霊堂）は、奈良時代の行基を開基と仰ぐ由緒ある寺院です。もともと別の場所にあったのですが、一九二一（大正十）年に現在地に移転しました。いま東勝寺の境内には佐倉惣五郎とその子供たちの墓がありますが、これは東勝寺中興開山とされる澄祐が、処刑された遺体を貰い受けてこの地に葬ったものと伝えられています。宗吾の墓と彼を祀る霊堂は、移転前からこの地に存在していたものだったのです。

大正時代には義民としての宗吾の活躍ぶりは、広く大衆の知るところとなっていました。宗吾の墓と彼を祀る霊堂を境内に抱えるに至った東勝寺は、これを用いない手はないと考えたのでしょう。大衆の信仰を集めるために佐倉宗吾を表に立てる方針を定め、それを実行に移すのです。

本尊の大日如来から宗吾尊霊への移行は、この移転に伴ってなされた可能性が高いと推定されます。宗吾ゆかりの地への寺の移動そのものが、宗吾ブームに便乗した出来事だった可能性もあります。義民宗吾を祀る現在の霊堂のイメージは、こうして作られていったのです。

他者のために命を投げ出す話

これまでわたしたちは、「宗吾参道」の駅名の由来となった義民としての佐倉宗吾の事績と、その伝説形成のプロセスをみてきました。江戸時代に共同体を代表して領主に抗議し、あるいは直訴を敢行して処刑され、義民として祀られた人物は宗吾だけではありません。日本列島には地域ごとに数知れない義民伝承が存在します。

宗吾の場合と同様、それらの義民一人ひとりの具体的なプロフィールはさほど明確ではありません。しかし、どのケースでも、他者のために自分の命を投げ出して目的を実現した点では共通しています。人はなぜ、他者のために一つしかない命を捨てて惜しむことがないのでしょうか。

平安時代の説話文学『今昔物語集』の一話です。昔、ある寺に一人の僧が住んでいて、法華経を読むことを日課としていました。いつしかそこに龍が訪ねてきて、読経を聴くようになりました。僧と龍はとても仲のいい友人になりました。

ある年、畿内はひどい日照りに襲われました。まったく雨が降らず、すべての穀物は枯れてしまいそうになりました。この当時、雨を司っているのは龍であると信じられていました。龍と仲のいい僧の話を聞いた天皇は彼を呼び出し、龍に頼んで雨を降らせるよう厳命し、それができないなら処罰すると申し渡しました。

　寺に帰った僧がこのことを龍に話すと、龍は実は雨を支配しているのは自分ではなく、天界に住む守護神であること、もし自分が勝手に天の「雨戸」を開いて雨を降らせれば、諸天に殺されてしまうと語りました。その上で、長年の恩に報いるためにあえて雨戸をあけるが、自分の死体のある池のほとりに供養のために寺を建てて欲しいと告げて、天に登っていきました。

　果たして龍の言葉通り、すぐに雨が降り始め、三日三晩止むことはありませんでした。雨が上がった後、龍が話した山上の池を訪ねると、水は紅く染まり、池のなかにはばらばらになった龍の死骸がありました。僧は龍の願い通りそこに寺を建て、冥福を祈りました……。

　龍がわが身と引き換えに雨を降らせたという話は、さまざまなバリエーションをもって各地に残されています。大阪府四條畷市にある龍尾寺《りゅうび》（曹洞宗）は紅葉の名所として知られた山寺ですが、奈良時代に行基によって、切り裂かれた龍の尾が落ちた場所に建てられたという伝承をもっています。普段拝観することはできませんが、寺にはそのときの龍の尾とされるものが伝えられています。

　他者を救うためにわが身を犠牲にした龍に感謝し、人々は寺を建立しました。自分の命と引き換えに多くの人を救った人物が崇敬される事例は、江戸時代の義民だけにとどまりません。

時代と地域を越え、人間以外の存在をも含み込んで、列島各地に伝承されているのです。

捨身飼虎に通じる実在の行い

二〇一一年の三月十一日、東日本大震災が日本列島を襲いました。この震災は二万人近い死者・行方不明者を出しましたが、実はそのなかに、死ななくてもいいはずのたくさんの人々が含まれていたのです。

家族を助けるために津波に飲み込まれた人がいました。水門を閉めるために防潮堤に走って命を落とした消防団員がいました。見ず知らずの他人を庇って一緒に渦に巻き込まれた人がいました。避難誘導のアナウンスをしていて逃げ遅れた役場の職員がいました。これらの人々は、自分の避難を優先すれば死なずに済んだはずです。なぜ、そうしなかったのでしょうか。

宮沢賢治の代表作の一つに『銀河鉄道の夜』があります。この作品は、星祭りの夜にジョバンニという少年が、親友のカムパネルラとともに銀河を周遊する列車に乗った話です。列車には老若男女、さまざまな人が乗り合わせましたが、それらの人々は実はみな死者だったのです。その列車のなかで、ジョバンニは一人の少女から、暗い夜空を赤く染めて燃えているさそり座の由来を聞きました。

――むかしバルドラの野に一匹のサソリが住んでいましたが、いたちから逃げようとして井戸に落ちて、溺れ死にそうになりました。そのときサソリは思ったのです。いままで自分はたくさんの命を食べてきた。こんな無駄な死に方をしないでわたしの体をくれてやれば、いたちも一日ぐらいは生き延びることができただろうに、と。そして神様に、せめて自分の体を人の幸せのために使ってくださいと祈りました。サソリはいつしか自分の体が真っ赤な美しい火になって、夜の闇を照らしていることに気づくのです。

この列車に乗っているのは、誰かの身代わりになって死んだり、人の幸せを願って命を落としたりした人たちでした。カンパネルラもまた、友を助けるために川で溺れて亡くなっていたことを、ジョバンニは現実世界に戻った後に知ることになります。

佐野洋子作『１００万回生きたねこ』という絵本をご存じでしょうか。主人公のトラ猫は、何度死んでも生まれ変わることのできる猫でした。あるとき野良猫に生まれて自由な生活を満喫していた主人公は、一匹の白い猫に恋心を抱きます。やがて二匹は結ばれて、たくさんの子猫に恵まれて幸せな日々を過ごしますが、年老いた白猫は先に息を引き取ります。猫は悲しくて、何日も泣いたあげく、白い猫のそばで動かなくなります。猫は、今度ばかりは生き返ることはありませんでした……。

猫は百万回の生死の果てに、その人なしには生きる意味を見出しえない存在に出会ったのです。初めて自分よりも大切なものを見つけたのです。

わたしは、自身より価値あるものの探求と発見こそが、人生の最も重要な目的の一つではないかと思っています。それは大乗仏教でいう菩薩行そのものであり、飢えた虎の親子のために自分の肉体を与える「捨身飼虎《しゃしんしこ》」のエピソードに通じる行為なのです。

人が自分以上に大切な存在と巡り合うのは、普通は父や母になったときです。そうでなくても、わたしたちは生きていくなかで、人のために何かをする喜びに目覚めていきます。それは、自身の命がたくさんの他者に支えられていることに気づくことにほかなりません。

義民とよばれる人たちも、津波でだれかのために亡くなった人たちも、自身よりも価値あるものが実在することを、身をもって示したのです。だからこそ、わたしたちはその行いに感動し、感謝の念を抱き続けているのではないでしょうか。

6 だれもがヒトガミになりうるという信仰から今の世が生まれたという仮説

土津神社　福島県耶麻郡猪苗代町
小平潟天満宮　福島県耶麻郡猪苗代町

古来仏教が栄えた会津を巡る

わたしが福島県の会津にある猪苗代湖を目指したのは、残暑の厳しい二〇二三年九月初旬のことでした。仙台から湖のある猪苗代町までは、高速道路を使えば二時間弱の道のりです。

福島県は岩手県に次ぐ、本州で二番目の広さをもつ県です。浜通り・中通り・会津と、大きく三つの地域に分かれています。福島というと、県庁所在地の福島市があって、東北新幹線と東北自動車道が通る中通りが中心のイメージがありますが、三地域それぞれが独自の風土と文化を誇っています。

明治初年の戊辰戦争で最後まで新政府軍と戦った会津も長い歴史をもち、古代以来の数多くの文化財をいまに伝えています。

会津盆地には、『日本書紀』に記された仏教公伝以前に遡る、「高寺《たかでら》」とよばれた古寺があったという伝承が残っています。奈良時代には高度な仏教文化が開花し、磐梯《ばんたい》山麓の慧日寺《えにちじ》には法相宗の僧・徳一《とくいつ》が住んで、中国から天台宗をもたらした最澄と激しい教学論争を繰り広げました。

その後、慧日寺は真言宗豊山派寺院として護持されました。明治維新の神仏分離でいったん廃絶しますが、現在は、真言宗豊山派の恵日寺として復興されています。

慧日寺としての本来の境内は国の史跡に指定され、近年発掘調査が進み、往時の伽藍の様子が明らかになっています。中門と金堂が再建され、周辺を巡る散策コースも整備されました。境内に隣接して建てられた磐梯山慧日寺資料館には、慧日寺に関する歴史や行事を紹介する展示があり、観光スポットとしても魅力的な地です。

仙台から会津に向かうには、東北自動車道を南下し、郡山ジャンクションで磐越自動車道に接続するのが通常のコースですが、この日わたしは福島西インターで東北自動車道を降り、国道一一五号線を南西方向へ走って土湯峠を目指しました。土湯峠《つちゆとうげ》は福島盆地と会津を隔てる吾妻・安達太良両山の鞍部に位置する峠で、ここを抜けると最短距離で猪苗代湖に到達します。

このルートの魅力は沿道の景色にあります。福島西インターを出ると周囲はしだいに郊外の風景となり、桃などの果樹園が広がります。土湯温泉への分岐を過ぎると道は本格的な上り坂になりますが、よく整備された広々とした路面が続きます。峠に向かって高度を上げるにしたがって、眼下には福島盆地のパノラマが広がります。山の方向を見上げれば、吾妻山の剥き出しになった岩肌が目に入ります。

土津神社参道に設けられた風鈴棚

峠の下を潜る長いトンネルを抜けると道は下り坂に転じ、正面に裏磐梯の爆裂口がみえてきます。白い蕎麦の花を眺めながら車を南に走らせれば、猪苗代湖はすぐそこです。

会津松平初代の神霊たる神社

今回わたしがまず向かったのは、磐梯山の山麓にある土津《はにつ》神社でした。猪苗代の市街から磐梯山の方向に道を折れ、一キロメートルほどまっすぐに登ったところに鎮座しています。

道路の突き当たりには立派な鳥居があり、それを抜けて石段を上がると神社の境内です。本殿に向かって参道を進むと、道を跨いで架けられた大きな風鈴棚から涼やかな音色が聞こえてきます（写真）。

保科正之を祀る土津神社の奥津城（奥の院）

土津神社に祀られているのは、会津松平氏の初代である保科正之公の神霊です。正之は三代将軍徳川家光の異母弟であり、優れた統治能力を身につけた名君として知られています。一六七二（寛文十二）年に亡くなると、その遺言に従って墓は猪苗代湖を見下ろす磐梯山の中腹に設けられました。周辺にはスキー場やリゾートホテルが立地する景勝の地です。正之の死後三年を経た一六七五（延宝三）年、墓所から南に五百メートルほど下った場所に、彼を祭神とする神社が建立されました。これが現在の土津神社です。

日光東照宮と比較されるほど豪壮だったといわれる土津神社の社殿は、戊辰戦争（一八六八年）の際に戦乱に巻き込まれて焼失しました。いまは再建された拝殿と本殿があります。境内には、江戸時代の儒学者・山崎闇斎の撰文を刻んだ、高さ七メートルを超える巨大な石塔が鎮座しています。目の前にすると、たいへんな存在感です。

神社からは奥の院に向かって、杉木立のなかを石敷きの参道がまっすぐに続いています。

道の突き当たりには、門を挟んで八角形の組み石を載せた墳丘があり、これが正之公の奥津《おくつ》城《き》（墓地）です（前頁の写真）。いまは土津神社の奥の院となっています。その前には、「会津中将源君之墓」と刻まれた大きな石柱が立っています。

正之は二代将軍秀忠の実子でした。しかし、母が身分の低い女中であったため、信州高遠藩の保科正光に預けて養育されました。後に取り立てられて会津二十三万石の藩主となりました。正之は優れた政治家であると同時に、知的好奇心も旺盛で、吉川惟足《よしかわこれたり》を師として吉田神道を学んでいます。

惟足は、天地を主宰する神の聖性がすべての人間の心に備わっているとする吉田神道の教えにもとづき、その弟子に神としての尊号を与えていました。生前に惟足から「土津」の霊神号を受けていた正之は、逝去にあたってこの地に神式で祀られることを望みました。正之を祭神とする土津神社は、このような経緯を経て誕生することになったのです。

土津神社のすぐ東にあるのが、磐梯山の神を祀る磐椅《いわはし》神社です。正面に磐梯山頂を望む場所に鎮座しています。境内には推定樹齢八百年の「鳥居杉」があります。正之は生前この神社を尊崇し、死後は自分も神となって近くに留まり、磐椅の神とともに会津の人々を守りたいと語っていたと伝えられています。

正之がみずから選定した永眠の地は、その風光明媚さに加えて、磐椅神社との位置関係が重要な要因をなしていました。土津神社は、いま磐椅神社の末社となっています。

小平潟天満宮の本殿の桃山様式を思わせる意匠

死霊が神になったのはなぜか

土津神社を後にしたわたしが次に向かった先が、小平《こびら》潟《がた》天満宮です。土津神社から猪苗代湖に向かって坂を下り、湖岸の道を東に進んだ天神浜にあります。

天神浜は松並木と芝の広がる、猪苗代湖を代表する景勝の地です。夏には湖水浴やキャンプを楽しむ人々で賑わいますが、シーズンオフのこの日、人影はほとんど見当たりません。小平潟天満宮はこの天神浜に、湖を正面に望んで建っています。神社の向かいにある広い駐車場に車を置くと、鳥居をくぐって境内に足を踏み入れました。

本殿は一六八二（天和二）年に、二代藩主保科正経によって建立されたものです。小ぶりな建物ながら、軒下の組物などに桃山様式を思わせる凝った意匠をみて取ることができます（前頁の写真）。この神社は全国に無数に点在する天神社の一つで、祭神は天神様こと菅原道真です。地元では太宰府天満宮・北野天満宮と並ぶ「日本三大天神」の一つとされています。

日本では九世紀後半から、怨みを抱いて亡くなった人物を神として祀る御霊信仰が流行します。なかでも、最強の御霊として知られるのが菅原道真の霊でした。

菅原道真は、もともとは中流の文人貴族の家の出身でしたが、すぐれた学識が認められて異例の出世を遂げ、右大臣に任ぜられました。それが、当時、政界中枢にあった藤原氏の強い危機感を呼び覚まし、その画策によって失脚に追い込まれ、配流先の大宰府で病死するのです。

やがて道真を追いやった藤原氏に次々と災難が降りかかります。そのクライマックスは宮中の清涼殿への落雷事件と、大納言藤原清貫・右中弁平希世の死去です。道真の流罪を容認した醍醐天皇も、程なくして亡くなります。

人々はこれら一連の出来事を、御霊となった道真の祟りであると噂しました。御霊の威力が強いほど、そのプラスのパワーも強力であると信じられていました。やがて菅原道真も神として京都の北野に祀られるようになり、人々の信仰を集めるようになるのです。今日まで続く北野天満宮の濫觴《らんしょう》です。仮借ない祟りを下して怨敵を滅ぼす道真の死霊は、社殿に鎮座して人々の祈願に応える神へと大きく舵を切ることになったのです。

今日わたしたちがイメージする学問の神としての天神様は、その転換の延長線上に生まれたものでした。小平潟天満宮の境内の絵馬掛けにも、志望校への合格や学業成就を願うたくさんの絵馬が奉納されていました。そこにはもはや、かつての御霊の面影はまったくみられません。死霊としての御霊が本来もっていた不気味さは、完全に影を潜めてしまっているのです。

中世と近世で異なるヒトガミ

今回わたしは、会津の猪苗代町にある土津神社と小平潟天満宮を訪問しました。この二つの神社には共通点があります。実在した人物が神として祀られていることです。

日本列島では人を神として祀る風習が広く行われてきました。その根底に、祟り鎮めを重んじる仏教伝来以前からの日本文化の伝統があったことは、しばしば指摘されるところです。道真が神として祀られるプロセスはまさにその典型のようにみえます。

しかし、天神信仰が広まる中世には、天神はそれとは異なる側面ももっていました。古代の祟り神との相違は、その背景にある本地垂迹の論理です。中世では、道真は十一面観音の垂迹であると広く信じられていたのです。

十一面観音は慈悲の存在です。その観音菩薩が人々を苦難から救い出すために道真の姿をとってこの世に現れたのです。十一面観音の究極の目的は、末世の衆生をみずからの浄土に誘うことでした。そのため、中世の天神信仰は浄土往生を主要な目的としてなされることになりました。人々は天神のもとを訪れ、死後の救済を願ったのです。

浄土への案内人だった中世のヒトガミは、戦国時代あたりを転換期としてその性格を大きく変えていきます。背後に救済者をもたない新しいタイプのヒトガミの誕生です。たとえば、日光に東照大権現として祀られた徳川家康です。

家康に付与された「権現」号は山王神道に依拠したものでした。「権現」も本地仏の実在を前提とした称号です。けれども、そこにみられる本地垂迹の論理は、中世とはかなり異質なものでした。

東照宮の場合、本地仏とは境内の本地堂（薬師堂）に安置されている薬師仏です。中世のように、仏像の背後に人の認識を超えた悟りの世界を想定するといった発想は、ここにはありません。本地垂迹は次元を異にする二つの世界を垂直に連結する論理ではなく、この世の二つの地点を水平につなぐ論理と化しており、東照宮の内部で完結するものとなっています。しかもそこでは、本地の存在感が極限まで後退しているのです。

それは東照大権現が、この世とあの世を仲立ちする役割を完全に停止したことを示す現象でした。近世のヒトガミが対処するのはあくまで現世の問題であって、生死を超えた悟りの世界への誘引をみずからの使命とすることはなかったのです。

ここで改めて土津神社のケースに戻ってみましょう。正之は「土津」の霊神号を受けていますが、神になるために特別な修練を積むことはありませんでした。形式的とはいえ、家康のように背後に本地仏が控えていることすらありませんでした。正之はその純然たる世俗的な栄華の延長として、神に祀り上げられているのです。

外部の光源に照らされて聖なる存在へと上昇する中世のヒトガミとは異なり、みずからの内部に光源をもつこうしたタイプの神が、近世のヒトガミ信仰の主流となっていくのです。いま同じように会津の人々の祈りを受け止め、ご利益を施す土津神社と天満宮は、本来その出自と性格を大きく異にするものだったのです。

近代国民国家につながるカミ

人が宗教的な修練を積むことなく、生前の世俗的な事績によって神に祀り上げられる事例は、江戸時代も後期に向かうにつれてますます増加していきます。最初に神となったのは豊臣秀吉や徳川家康などの天下人でした。次いで伊達政宗や保科正之などの領主たちが神になりました。百姓や商人といった被支配者層からも神が生まれていきました。

ヒトガミの叢生がピークを迎えるのは、新しい宗教運動の波動が広がる幕末のことでした。十九世紀に入ると、「民衆宗教」と呼ばれる金光教・天理教・大本教などの新宗教が続々と誕生して、その傘下に多くの人々を集めるようになります。それらの教団の特色は、身分にかかわらず構成員をみな「生き神」と規定するところにありました。イキガミの大量発生こそが、幕末を特色づける一大宗教現象だったのです。

そこでは幕藩体制下の身分差別そのものが批判されることはないものの、カミとしての尊厳を根拠として、身分や性差に左右されることのない人としての平等が説かれました。民衆宗教のいうカミとしての覚醒とは、中世のような宗教的な意味での悟達ではありませんでした。一人ひとりの人間が、おのれの職分の遂行を通じて社会のなかで自分を輝かすことにほかならなかったのです。

アカデミズムの世界では長きにわたり、近代化はイコール世俗化を意味すると考えられてきました。人が神の支配を脱し、自身の理性にもとづく主体性を確立することが近代化の指標でした。幕末の民衆宗教の興隆と大量発生するヒトガミは、一見するとそれに逆行する現象にみえます。そのため、それは日本列島の後進性と成熟した市民社会の不在を示すものであり、日本の近代社会に歪みをもたらした一つの要因と捉えられてきました。

しかし、わたしはこうした見方には賛成できません。日本でもヨーロッパでも近代国家成立期の社会的背景にあったのは、身分制に対する大衆レベルでの強い厭悪《えんお》の感情でした。すべての人間がヒトガミであるという言説は、人々が抱いていた封建制の身分差別に対する無意識の反発を端的に示すものでした。幕末には日本の封建制度は、すでに内部から解体しつつあったのです。

むしろわたしはヒトガミの大量発生に、近代の国民国家につながるような人々の自意識の高まりと、西欧とは異なるもう一つの近代化の道筋を見出したいのですが、読者の皆様はどうお考えでしょうか。

第2部

迷走する日本人の死生観

7 差別意識と生存競争が果てしなく拡散する世界を問う寺院の今昔

般若寺　奈良県奈良市

花に埋もれた般若寺の真の姿

まだ六月の初めにもかかわらず、奈良の街には真夏を思わせる日差しが降りそそいでいました。今日訪れる予定の般若寺《はんにゃじ》（真言律宗）は、近鉄奈良駅から二キロほど北にあります。普段なら躊躇なく徒歩を選択する距離ですが、暑く澱んだ午後の空気のなかを歩き通す気力が起こらず、結局バスを利用しました。

近鉄奈良駅前を出発したバスはしばらく東に向かった後、東大寺の手前で左折し、今度は進路を北に変えます。奈良県庁と東大寺の間を抜けるこの道は、いまは県道七五四号線となっていますが、奈良と京都をつなぐ古来の街道でした。昔は奈良（京）街道とよばれていたものです。やがて県道は奈良街道から右に分岐し、バスも広い県道の方に入ります。二つの道が分かれると、まもなく「般若寺」のバス停です。

般若寺は奈良街道と、そこから別れた県道に挟まれた場所にあります。道は北に向かって緩やかな上り坂となっています。この一帯はかつて奈良坂とよばれ、奈良の町と外部とを隔てる境になっていました。般若寺は境界の寺だったのです。

かつては死の世界とつながっていた般若寺

般若寺は四季折々の花の寺としても知られています。六月は紫陽花のシーズンです。境内にはそこかしこに、紫陽花が思い思いの色の花をつけていました。本堂周辺には、丸い透明のガラスの器に紫陽花を浮かべた「花手水《はなちょうず》」が数多く並べられ、涼しげな雰囲気を醸し出しています。それを写真に収めようとする人の姿があります。

驚いたのは、秋の花であるはずのコスモスが紫陽花と競い合うように咲き誇っていたことでした。境内には紫陽花とコスモス以外にもたくさんの草木が花を付けています。これらの花の間で、石仏が控えめな笑みをみせています（写真）。

いまは花に埋もれた寺として知られる般若寺ですが、その歴史は苦難の連続でした。寺伝によれば、創建は飛鳥時代に遡ります。平城京（奈良）への遷都にともなって、鬼門を守る寺として現在地に移転しました。

般若寺が受けた最初の試練が平家の奈良攻撃にともなう伽藍の焼失です。一一八〇（治承四）年、各地で反平家の蜂起が相次ぐなかで、興福寺を中心とする南都の寺々も反乱に呼応する動きをみせました。これを阻止すべく平家は平重衡《しげひら》を総大将とする大軍を差し向け、両軍は奈良坂で激突しました。般若寺はこの戦闘に巻き込まれて主要な建物を失うのです。

鎌倉時代に入って、伽藍の復興が開始されます。現在、寺のシンボルとなっている五階建ての高さに匹敵する巨大な十三重石宝塔（重要文化財）は、この時に造られたものです。

その後、真言律僧の叡尊（一二〇一―一二九〇）の尽力で堂舎と尊像が造営されますが、戦国時代に再度焼き討ちにあって、大半の堂舎が焼失します。境内の西の入り口に立つ楼門（国宝）は、寺に残る唯一の鎌倉時代の建築物です。

奈良街道を挟んで、楼門と向かい合う場所にあるのが植村牧場です。街中にある珍しい牧場です。敷地内に牛や山羊などを飼っていて、中を見学させていただくことができます。ここには自家製の牛乳を原料とした濃厚なソフトクリームがあり、炎天下の寺を散策した後にいただくその味はまさに絶品です。

被差別民を支援した寺として

いまは普通の住宅地となっている奈良坂ですが、かつてそこは奈良の住民たちの葬送の地でした。中世では火葬と土葬、二種類の葬法が行われていました。ただし、それは裕福な階層に限られており、大多数の人々は墓を作る余裕がありませんでした。死者を特定の葬地に運んでそのまま放置する風葬が、葬送儀礼の中心となっていました。市中と郊外を隔てる奈良坂は、死骸が散乱する生と死の境界の場でもあったのです。

奈良と奈良坂の関係のように、中世の葬地は都市の郊外に設けられました。墓地の選定にあたっては、しばしば坂が選ばれました。

中世墓地遺跡として最大の規模を誇った静岡県磐田《いわた》市の「一の谷墳墓群」（第１巻 第３章参照）も、見附の街から外部に抜ける「化粧坂」に沿って作られていました。京都では五条大橋を渡った清水坂の麓に、鳥辺野とよばれた大規模な葬送の地がありました。

農民層が土地に定着し代々継承されていく家を形成する近世とは違い、中世はきわめて流動性の高い社会でした。家族をもつことのないまま、流浪の旅を続けるたくさんの人々がいました。栄養失調や病気のために行き倒れた死者の姿はほとんど日常的な光景となっていたのです。

街中で死人が出た場合、その死骸を墓地まで運ぶ役割を担ったのが非人・キヨメなどとよばれた人々でした。これらの人々は、日常生活から派生する汚物の処理などの仕事も担当していました。一般人が不浄視し、神が穢れとして忌避する対象（ケガレ）を扱っていたため、非人はしばしば差別の対象になりました。奈良坂は、それらの被差別民が集住する地でもあったのです。

奈良坂には、当時「癩病《らいびょう》」といわれ、不治の病として恐れられたハンセン病の患者たちも、集団を形成して生活していました。中世は神仏の名にかけて何事かを誓約し、もしそれを破った場合は当該神仏の罰を受けても構わないとする文書（起請文）が大量に制作された時代です。そこでは、今日許されることではありませんが、違反した場合の罰として「白癩黒癩」（癩病）を身に受けるという表現が常套句となっていました。そのため、ハンセン病患者は過去の罪業を背負った存在とみなされ、差別が増幅される結果となったのです。

般若寺は、死の匂いの立ち込める奈良坂の真っ只中に位置する寺院でした。処刑された焼き討ちの責任者、平重衡の首も般若寺の門に架けられました（『平家物語』）。ここは死の世界とつながる場所だったのです。

奈良坂に住む被差別民の支援に取り組んだのが、叡尊とその弟子の忍性《にんしょう》（一二一七―一三〇三）です。叡尊は般若寺を奈良での活動拠点と定め、その再興を図るとともに、本尊として巨大な文殊菩薩像を造営しました。

鎌倉時代に忍性が般若寺のそばに建立した
ハンセン病療養施設「北山十八間戸」

植村牧場から奈良街道を市街地方向に歩くと、「北山十八間戸《きたやまじゅうはっけんこ》」があります。忍性がハンセン病患者の療養施設として、般若寺のそばに建立したものです。現存する建物は、戦国時代に一度焼失した施設を、江戸時代にいまの場所に移して再建したものです。長さ三十八メートルもある長屋状の建物が十八の小部屋に区切られています（写真）。

非人が聖なる存在だった社会

奈良坂は差別を受けた人々が住む境界の地でした。ただし、中世ではそうした差別観が一方的に膨らむことはなく、被差別身分の人々に対してはある種の畏怖観がつきまとっていました。

十一世紀を起点とする中世社会は、世界観の大きな転換期にあたっていました。現世に対して、人間以外のものが住む他界（あの世・彼岸）のイメージが肥大化してくるのです。わたしたちが認知できない世界、目に見えない世界が宇宙のどこかに実在し、それがいま生きているこの世界（この世・此岸）よりも重要な意味をもっているという見方が、人々の共通認識となっていくのです。浄土信仰の流行は、そうした世界観の変貌を背景とした現象でした。

あの世とこの世の分離に伴って、それぞれの世界に属する二種類の神仏（超越的存在＝カミ）が誕生します。衆生の本源的な救済を担当する〈あの世のカミ〉と、現世に出現して〈あの世のカミ〉と非救済者を結びつける役割を果たす〈この世のカミ〉です。私たちが目にする仏像や聖人や日本の神々は、不可視の〈あの世のカミ〉がこの世の衆生に救いの手を差し伸べるために、具体的な姿をとってこの世に化現《けげん》＝垂迹《すいじゃく》した存在と考えられたのです。

中世の説話には、差別の眼差しに晒される社会的弱者が実は人々を浄土に導くために出現した垂迹であり、〈この世のカミ〉であるという話がしばしば登場します。

『古事談』『十訓抄』などの説話集に収録されて、よく知られた話です。

――「生身《しょうじん》の普賢」を目の当たりにしたいと願っていた書写山（兵庫県）の性空の夢に、神崎の遊女の長者に会うのがよい、というお告げがありました。性空が指示通りに長者の家を訪ねると、客を迎えての遊宴の最中でした。長者は鼓を打って今様を謡っていましたが、性空が目を閉じると白象に乗った普賢菩薩の姿に変わり、目を開けると長者に戻りました。長者は性空にこのことを口外しないよう語った後、頓死するのです――。

交通の要衝神崎（現兵庫県尼崎市）の遊女は酒宴の相手を務めるだけでなく、性的交渉を行うような女性たちであり、差別視される人々でした。その長が、実は普賢菩薩の化身だったのです。

日ごろ差別される人々を聖なる存在の化現とする発想は、非人についてもみることができます。中世の非人は平民によって構成される共同体から排除された存在でした。〈ケガレ〉の除去を担当していたため、〈ケガレ〉にもっとも深く関わる者とみなされていました。中世では文殊菩薩が、その非人の姿をとって社会に出現すると広く信じられていたのです。

叡尊は、実際に非人を生身の文殊菩薩にみたてた法会を行っていました。弱者や社会の底辺に位置する人々であっても、根源的存在と結びつくことによって、現世の序列を超えて一挙に聖性を帯びた存在に上昇するのです。

聖なる存在は底辺の人々を救済する使命を帯びて、あえて穢れた姿をとって現れる――こうした認識を背景として、中世の被差別民は、差別の眼差しとともに、常人が持つことのできない不思議なパワーを背負った存在として、畏怖の目でみられることになったのです。

近世仏教による差別の固定化

戦国時代を転換期として、日本列島は再度大きな世界観の転換に見舞われます。社会の世俗化が進み、中世に肥大化した目に見えない他界（あの世）のリアリティが縮小し、この世の重みが増してくるのです。死後のことも大事かもしれないが、それは死にそうになった時に考えればいいことであって、まずは日々の生活をエンジョイしようという近現代人に通ずる発想が時代の主流となってきます。

不可視の他界の縮小は、〈あの世のカミ〉がもはや身分編成の原理としての力を持ちえないことを意味しました。身分制度が純然たる世俗的な論理によって構築され、宗教的な要素がそれを後追い的に正当化する近世社会が誕生するのです。それはこの世の〈ケガレ〉の一切を押し付けられることによって、いわれなき差別を強要されている人々にとっては、解放への道筋が完全に断たれた重苦しい社会の到来を意味するものにほかなりませんでした。

近世における差別の固定化に果たした宗教、とりわけ仏教の果たした役割は、無視できないものがありました。『血盆経』や『血盆経和讃』の流布によって、血の汚れが一方的に女性と結びつけられ、「血の池地獄」で苦しむ女たちの姿が描き出されました（写真）。〈あの世のカミ〉の凋落を経た近世社会において、身分秩序の頂点に位置し、カミに代わる身分編成の原理として浮上したのが「天皇」でした。その天皇の対極に位置づけられたのが非人などの差別される人々でした。天皇が身分序列を形成する至高の基軸であったため、近世の被差別民がみずからの地位の上昇を願う際には、中世のようにカミではなく、天皇や貴種（尊い身分の人々）との関係にその根拠が求められました。近世の被差別部落民が、差別の不当性と彼らの特権承認を訴えるために作成した偽文書「河原巻物」は、その代表的な事例です。

秋田県湯沢市最禅寺の地獄絵にみる「血の池地獄」

宇宙を貫く普遍的な真理のイメージの喪失は、他方では、自国優位の主張の暴走に歯止めをかけていた理念的な外枠の消失を意味することになりました。

江戸時代の中期以降、神道家や国学者がしばしば「神国」に言及するようになります。そこでは、多くの場合、日本とそれ以外の国々との区別を、神の子孫か「獣類」の子孫か、といった先天的・固定的なものとして捉え、神国日本の偉大さが力説されています。〈ケガレ〉が国内の身分差別の根拠とされるとともに、当時の国際秩序の枠組みを説明する際の論拠となっていくのです。

なぜ今も差別が蔓延するのか

人は差別する存在です。それがどこまで顕在化するかは個人差があるとしても、自分と他人とを比較し、自身のうちになんらかの特殊性・優位性を見出そうとする指向性は、人間のもって生まれた本性といっていいでしょう。それは他者に打ち勝ってもみずからの遺伝子を遺そうとする、生物としての本能に由来するものと考えられます。

そうした自己主張が、人よりいい車に乗りたい、偉く思われたいといった段階に留まっているうちはまだ可愛いのですが、手のつけられないレベルにまで暴走することがあります。集団生活を宿命づけられた人間の場合、差別意識と生存競争が果てしなくエスカレートすることを防ぐための、制御装置が設けられました。それが宗教であり文化だったのです。

現代の日本は民主主義社会となり、身分差別は否定され言葉の暴力に対しては批判の眼差しが向けられるようになりました。しかし、ネット空間は侮蔑の言辞に溢れています。世界に目を向ければ、建前としての礼儀や平等さえも力によって公然と踏み躙る、野獣の跋扈《ばっこ》する時代に突入したようにみえます。

動物は生存のために殺害することはあっても、無用な殺害を繰り返すことはありません。けれども、人は欲望実現のために無数の生命を犠牲にすることを厭わないのです。

無明に覆われたこうした殺伐とした時代に、わたしたちはいったいなにができるのでしょうか。

わたしはその（生けるものどもの）心の中に見がたき煩悩の矢が潜んでいるのを見た。この（煩悩の）矢に貫かれた者は、あらゆる方向をかけめぐる

（中村元訳『ブッダのことば　スッタニパータ』岩波文庫）

いかに迂遠にみえても、ほかならぬ自身の心に突き刺さっている無数の煩悩の矢を探し出して、一本ずつ辛抱強く引き抜いていくしかないのでしょう。それは身近にいる人に、般若寺の石仏のような穏やかな笑みを向けることから始まるのかもしれません。

8 いつの世も人々を導いた怨親平等の精神を今こそ心に刻むために

安重根の碑　宮城県栗原市

なぜ安重根の碑が宮城の寺に

仙台から東北自動車道を北上すると、古川を過ぎたあたりから、広い平野を埋め尽くすように一面見渡す限りの水田となります。五月の連休のころにこの道を走れば、すべての田に水が張られていて、湖の上を走っているような感覚に襲われます。

やがて左手前方に栗駒山が、雪をかぶったその姿を現します。昔、栗駒山麓に住んでいた人々は、山の残雪が駒（馬）の形になる時を待って、田植えを行ったと伝えられています。

田んぼからはしきりにカエルの声が聞こえます。梅雨の時期ともなれば、日没後の闇の空間はカエルの合唱で満たされます。初夏になってこの声を聞くと決まって思い出す歌があります。

死に近き母に添寝のしんしんと　遠田のかはづ天に聞ゆる　斎藤茂吉

かつてこの歌が頭をよぎると、死を間近にした父親の病室で、一晩中付き添っていたときの記憶が蘇りました。けれどもいまは、臨終の床でじっと耳を澄ます、自分の姿が思い浮かぶようになりました。

今日の目的地の曹洞宗大林寺は、東北自動車道の若柳金成《わかやなぎかんなり》インターを降りて数分の距離です。すぐそばを東北新幹線の高架が走る、開けた平地に位置する寺院です。

この寺には、天然記念物のかさ松や、中世に造立された板碑（梵字を刻んだ石碑）など、いくつもの見どころがあります。なかでももっともよく知られているものが、韓国人の安重根《あんじゅんぐん》を記念する巨大な石碑です（写真）。

この石碑には安の自筆の墨書をもとにした「為國獻身軍人本分」（国のために身を献ずるは軍人の本分）という文字が刻まれています。裏には、石碑建立のときに宮城県知事を務めていた山本壮一郎氏の「日韓両国の永遠の友好を祈念して」と

宮城県栗原市の曹洞宗大林寺の境内にある「安重根記念碑」

いう言葉があります。

安重根はいまの韓国で知らない人はいない愛国の偉人です。安は一九〇九（明治四十二）年十月二十六日の朝、ハルピン駅頭で伊藤博文を狙撃し、死に至らしめました。

伊藤博文は日本の初代総理大臣であり、当時は新たに設けられたソウルの統監部の初代統監でした。ときあたかも日本による韓国併合（一九一〇年）直前の時期でした。祖国の独立を願う安はそれを阻止すべく、伊藤を合併に向けての工作の中心人物と目して、その暗殺を決行したのです。

身を挺して祖国の独立を守り抜こうとした安は、当時の韓国の人々にとっては救国の英雄でした。しかし、日本人からみれば身内を殺害した仇敵にほかなりません。その記念碑が、なぜ安の故郷を遠く離れたここ宮城県栗原市にあるのでしょうか。

処刑の朝に託された墨書一通

明治維新を経た日本は、国力を強化して独立を守り抜くため、欧米に倣った近代国家の構築を目指しました。しかし、やがて日本自身が、帝国主義国家のグループのなかにその座を占めるようになるのです。

日本が目指した最初の海外進出先が朝鮮半島でした。韓国に対する清の宗主権の放棄を求めて日清戦争を戦った日本でしたが、その戦いに勝利すると、みずから朝鮮半島の支配に乗り出すのです。

一九〇四（明治三十七）年の第一次日韓協約で、日本政府は韓国の財政・外交の顧問としての地位を確立するとともに、ソウルの治安警察権を獲得して、政治の中心部を掌握しました。翌年の第二次協約では韓国の外交権を奪って、日本の保護国とします。さらにソウルに統監府を置いて、植民地化に向けての地ならしを進めます。その初代統監が伊藤博文でした。

こうした日本の強引な姿勢に、韓国内では反発が強まります。その矛先が向けられた対象が、統監だった伊藤でした。「大韓義兵軍参謀中将」を自称する安重根による伊藤射殺事件の背景には、こうした歴史的な経緯があったのです。

事件後にその場で逮捕された安重根は、裁判から処刑までの五カ月間、旅順の牢獄に収監されました。

獄中の安は粛然とした態度で思索と執筆活動に専念したといわれます。そこから生まれたものが、遺書となった『東洋平和論』です。

その潔い態度とアジア全体の平和を願う姿勢は、彼に接する多くの日本人に強い感銘を与えました。安は獄中で多数の墨書をしたためますが、そうした振る舞いが許されたのは、周囲の人々の安に対する敬意によるものでした。

死刑を命ずる判決文にもわざわざ、安の行為が「私憤」によるものではない、という言葉が書き込まれています。安の行為が私利私欲を超越した命を賭しての抗議であったことは、関係者の共通認識となっていたのです。

収監中の安の言動に感銘を受けた人物の一人に、看守を務めていた陸軍憲兵の千葉十七《ちばとおしち》がいました。当時安は三十歳、千葉は二十七歳でした。接触を繰り返しているうちに、若いふたりの間には、いつしか収監者と看守という立場を超えた信頼関係が生まれました。

処刑日の朝、安は千葉に一通の墨書を贈ります。そこに記された言葉が、大林寺の記念碑にある「為國獻身軍人本分」でした。「庚戌三月　於旅順獄中　大韓国人　安重根」という署名が添えられていました。

千葉は栗駒町への帰郷後、この遺墨を仏壇に納めて供養を続けました。一九七九（昭和五十四）年、安重根生誕百年を記念して、安の墨蹟は韓国に贈られ、国宝の指定を受けます。件《くだん》の石碑はこの出来事を記念して、一九八一年、千葉の墓のある大林寺に建立されたものだったのです。

大林寺ではいまも、安重根の生誕月にあたる九月に多くの人々を集めて供養祭が営まれています。二〇〇二年には、地域の人々によって「民族の英雄安重根　情愛の志士千葉十七」を顕彰する供養碑が新たに建立されました。時代は移り政治情勢は変わっても、日韓の友情の小さな灯火が、栗駒山麓を照らし続けているのです。

蘇った八百年前の「蒙古の碑」

仙台市宮城野区燕沢にある善応寺（臨済宗妙心寺派）には「蒙古の碑」とよばれる古碑が残されています（写真）。

仙台市の臨済宗妙心寺派
善応寺にある「蒙古の碑」

仙台から東北本線を北に向かうと、次の駅は東仙台です。善応寺は東仙台駅から歩いて十数分の距離です。森を背にした高台に位置し、広々とした境内には手入れの行き届いた庭園があります。

蒙古の碑は、人の背丈ほどの大きさです。厚みのある一枚岩で造られています。表面上部には大吉祥大明菩薩を表わす梵字（種字）が刻印され、その下に四本の罫線が引かれて二十八の文字が刻まれています。末尾には、製作年である弘安五（一二八二）年の年紀があります。東日本によくみられる中世の板碑です。

この碑が建てられた前の年（一二八一年）には、二度目の蒙古の来襲（弘安の役）がありました。碑文は難解で正確に読み解くことは困難ですが、文中に「弔亡魂」という言葉があることから、多くの板碑がそうであったように、死者供養が目的であったと推測されます。執筆者は渡来僧の無学祖元で、文永・弘安の役の両軍の戦死者の霊を慰撫するために建てられた、という説が有力視されています。無学祖元は北条時宗の帰依を受けた著名な禅僧で、鎌倉の円覚寺の開山です。

この石碑も他の中世の板碑が辿った運命と同じく、いったんはそれが担っていた聖なる役割が忘れ去られ、地中に遺棄されていました（第1章「瑞鳳殿」参照）。江戸時代の十八世紀になって掘り出され、石に法華経の文字を書いて奉納する一字一石経信仰のシンボルに転用されて、燕沢村の観音堂（槙島観音堂）に安置されました。石碑の裏面には、このとき刻まれた「大乗妙典一字一石塔」という文字があります。

この碑が再度脚光を浴びるのは、近代に入ってからのことでした。碑文に敵味方の区別なく供養するという言葉が刻まれていることから、戦前の日本が掲げた「五族共和」（アジアの融和）の理念に適うものとして、国家的な宣伝に利用されるようになるのです。一九四一（昭和十六）年には、蒙古政府主席の徳王がこの碑を拝するために仙台を訪問しましたが、そのときに善応寺境内に移されたと伝えられています。

蒙古碑の左手には徳王の来訪を記念する石碑が建ち、表面には徳王自筆の「古道猶存」の文字が刻まれています。そばには「徳王お手植え」の松もあります。

蒙古碑を挟んで、徳王記念碑と向き合うように、横長の石碑があります。蒙古の古碑を偲んで詠まれた俳句四十七句を刻んだ「献句碑」です。落款から一九七六（昭和五十一）年の建立であることがわかります。いずれの句にも、民族と敵味方の区別を超えた、元寇の戦死者の霊魂に対する安穏の願いが込められています。《恩讐の彼方に眠る蒙古の碑》が、この碑の最終句です。

「怨親平等」にもとづく死者供養の精神が、いまも善応寺の一角に息づいているのです。

蔵王山中「不忘の碑」に想う

宮城に住む山好きの人間にとって、登山の聖地といえばやはり蔵王《ざおう》です。蔵王は、「お釜」

のある中央蔵王こそエコーラインが走る俗化した観光地となってしまいましたが、周辺には静かな山歩きを楽しめる登山道が数多く走っています。

　そんな蔵王でわたしが好きだったコースが、不忘山《ふぼうさん》から最高峰の屏風岳を経て刈田峠に至る南蔵王の縦走路です。

　不忘山は蔵王連峰の最南端に位置する山で、白石《しろいし》駅周辺で、新幹線の車窓からその綺麗な三角錐の山容を望むことができます。

　このコース上、不忘山の山頂近くに、「不忘の碑」とよばれる石碑があります。太平洋戦争終戦間近の一九四五（昭和二十）年三月十日夜、不忘山の山腹に三機のアメリカ軍の重爆撃機、Ｂ29が激突しました。このとき死亡した搭乗員三十四名を追悼する記念碑です。

　おりしも同日は、東京大空襲の日でした。三百機あまりのＢ29が、東京の市街地を目標として焼夷弾による無差別爆撃を行い、十万人を超える民間人の犠牲者を生み出しました。この後も米軍による都市攻撃は続き、七月十日未明には仙台が空襲を受けて中心市街地の大半が焦土と化しました。

　不忘山に墜落した三機は東京大空襲とは無関係でしたが、当時の日本人にとって、Ｂ29は焼夷弾を撒き散らして非戦闘員を殺傷する悪魔の化身にほかなりませんでした。そのＢ29の搭乗員を追悼し、平和を祈念するための記念碑が、一九六一（昭和三十六）年、爆撃機墜落の地である不忘山に建てられました。件の「不忘の碑」がそれだったのです。

　墜落機の死者の供養は、これで終わりではありませんでした。

　二〇一五（平成二十七）年八月、地元の白石市と七ヶ宿町の有志によって、不忘山麓に「不忘平和記念公園」が開設されました。開園の記念式典には、キャロライン・ケネディ駐日米大使代理のジョエレン・ゴーグ在札幌米国領事館首席領事をはじめ、日米双方の政界や軍部から多数の出席者がありました。

　公園には「不忘の碑」のレプリカが安置され、犠牲者の名を刻んだ記念碑が建てられるとともに、三十四本のハナミズキが植えられました。碑面には「戦争のため異境の山中に果てたアメリカ空軍将兵の霊を慰め、あわせて人類永遠の平和を祈」るという、公園建設の目的が記されています。

　公園は不忘山を目前に望み、長老湖を見下ろす眺望の地です。園内には桜の木も植えられ、四季折々に素晴らしい景色を堪能することができます。近くには、実際にキツネと触れ合うことができる人気の観光施設、キツネ村があります。

戦禍ありて怨親平等の重さを

わたしたちはこれまで、宮城県にある三カ所の死者供養の施設をみてきました。そこに共通するのは国籍・民族・信念の違いを超えて犠牲者を悼む「怨親平等」の理念にほかなりません。人々に仇敵を追悼する行為を促したものは、いったいなんだったのでしょうか。その理由を日本固有の御霊信仰に求める人がいます。わたしはむしろ、人が人間を超える大きな存在にやわらかく包み込まれているという、かつてだれもが共有していた感覚だったのではないかと考えています。

今は撤去されている安重根記念碑への案内板

人はこれまで、繰り返し自分のなすことを大義と信じて行動を起こしてきました。正義の信念同士の抜き差しならない対立が相互の敵意をエスカレートさせ、取り返しのつかない凄惨な結末を引き起こしてきたのが人類の歴史でした。

怨念の連鎖が人の作りだす社会の内部でめぐっている限り、いったん抱いた憎悪は相手が死んでも消えることはありません。正義はわが方にありと確信していればなおさらです。けれども、人の関係を超えたより高い視点、たとえば神や仏の目線からみればどうでしょうか。

正義を旗印にした殺し合いを、避けようとしても避けることのできない、悲しい人の性《さが》として捉えることができるのではないでしょうか。互いに相手の内面に入り込み、異なった角度から対立の構図を見直すことが可能になるのではないでしょうか。

それがやがては、恩讐を超えたより深い相互理解と、民族に捉われない新たな信頼関係の構築につながっていくに違いありません。

この列島においてそうしたいわば「大乗的」ともいうべき視点が機能していたことを示す証拠が、今回取り上げた追悼施設だったのではないか、とわたしは思うのです。

大林寺のそばにあった、安重根の記念碑の所在を知らせる日本語とハングルの看板は、近年、政治家たちの反対がもとで撤去されてしまいました（前頁の写真）。二〇一四年には、日本の牽制を目的として、中国が韓国と協調してハルピンに安重根記念館を設置しました。それをめぐって、日本の政権中枢の人物が、安重根を「テロリスト」と呼んだ出来事がありました。

そこにあるのは徹頭徹尾、人間レベルの眼差しです。世俗的・政治的な利害関係にもとづく価値判断です。それがインターネットを介して世界中を覆い始めている今日、記念碑の背後にある「怨親平等」の理念とそれを支えた世界観に、わたしたちは改めて思いを致す必要があるのではないでしょうか。

9 青森の地にキリストの墓も釈迦の墓もあることの意味をたずねて

キリストの墓　青森県三戸郡新郷村

神主が祝詞あげるキリスト祭

青森県の中央に位置する観光名所、十和田湖に向かうルートにはいくつか選択肢があります。八戸《はちのへ》方面から入る場合、十和田市を経由して奥入瀬《おいらせ》渓谷を遡るのがメインルートですが、もう一つ南を走る国道四五四号線を使うことも可能です。

四五四号線は、林や田畑の続く景色のなかを、緩やかなアップダウンを繰り返しながら続く気持ちのいいドライブコースです。八戸を出てほぼ一時間、この道路が新郷《しんごう》村（三戸郡）に差し掛かったあたりで、不思議な道路標識が目に入ります。直進「ピラミッド」、右折「キリストの墓」という案内板です（次頁の写真①）。

「キリストの墓」という指示に導かれて右折すると、すぐに駐車場が見つかります。そこからきれいに整備された坂を数分登った丘の上に、木々の緑に埋もれるようにして二つの土饅頭型の塚があり、その上に木製の十字架が立てられています。これが「キリストの墓」（写真②）であり、もう一つの墓は弟のイスキリのものと、この地では伝えられているのです。

イスラエルのゴルゴダの丘で処刑されたはずのイエス・キリストの墓が、なぜ、はるか離れた極東日本の、しかも青森県の新郷村に存在するのでしょうか。

① 新郷村近くの国道454号線上にある道路標識

② いまや新郷村の名所となっている「キリストの墓」

墓地の前には日本語と英語の解説板が置かれています。その記述によれば、磔《たっ》刑《けい》によって命を失ったのはキリストの身代わりとなった弟のイスキリであり、キリスト自身は処刑を逃れたというのです。窮地を脱したキリストは長い旅路を経て日本列島に到達し、やがてこの地に腰を落ち着けて、百六歳という長寿をまっとうするのです。

　キリストの墓のある丘には隣接して新郷村の運営する「キリストの里伝承館」（冬季休業あり）が置かれています。そこには、キリスト来訪にまつわるさらに詳しい伝承が紹介されています。この地に住むようになったキリストは、村の娘を娶って三人の子女をもうけました。その子の嫁ぎ先が、いまも村に住む沢口家のご先祖だというのです。

「キリストの墓」に木製の十字架が立てられたのは、一九六三（昭和三十八）年のことでした。それ以来、この地では毎年六月第一日曜日に「キリスト祭」という祭礼が行われています。わたしも一度参加させていただいたことがありますが、地元の特産品を売る店なども出て、なかなかの賑わいぶりでした。

　当然、神父さんか牧師さんが主宰されるのかと思っていましたが、会場にはなんと神道式の祭壇が設けられていました。興味津々で見守っていると、神主さんが登場して祝詞《のりと》をあげ、続いて参列者による玉串の奉献が行われました。完全な日本の神道風の儀式ですが、不思議に違和感がありません。

　最後は村のご婦人たちによって、地元に伝わる盆踊り歌「ナニャドヤラ」に合わせて、この墓を周回する踊りが披露されました。

村営「キリストの里伝承館」で

キリストと弟のイスキリの墓とされている二つの墳墓は、村ではかつて偉い人の墓と伝えられてきたそうです。一見したところ、中世に数多く作られた経塚のようです。江戸時代以降は埋葬の地に戒名・法名を刻んだ石碑を建てることが一般化しますので、墓であるとすれば中世まで遡る可能性があります。鎌倉時代の絵巻物、『一遍聖絵』に描かれた、岩手県奥州市の河野通信《みちのぶ》の墓（聖塚）とよく似ています。

これがキリストの墓とされるようになったのは、それほど古いことではありません。一九三五（昭和十）年に、竹内巨麿《たけうちきよまろ》という宗教者がこの地を訪れます。

茨城県磯原町（現北茨城市）にあった竹内家には、太古の時代に遡って日本の成り立ちを記した「竹内文書」と呼ばれる一群の文書が伝来していました。そこにはキリストが処刑を逃れて日本を訪れ、長寿をまっとうしたという、先に紹介した解説板の内容が記されていました。この記述と風の噂を頼りに当地を訪れた巨麿は、この墳墓を目の当たりにしてキリストの墓であることを確信し、世間に宣揚していくのです。これが新郷村とキリストとのつながりの始まりでした。

竹内文書についてはたくさんの解説書が出版されています。奇想天外な内容で、読んでみるとなかなか面白いのですが、現在では古代の書物を装った偽書という評価が定着しています。いわゆるトンデモ本の扱いを受けている史料です。

それでも、伝承館の展示や盛大なキリスト祭の様子を見ていると、地元の人々のこの墓に対する並々ならぬ思い入れを感じます。キリストの里伝承館では「ユダヤ・キリストに縁ある風習」としてさまざまな証拠？　が展示されています。

たとえば、「キリストの墓を守ってきた沢口家」というコーナーでは、キリストの血を引くとされる沢口家に、時折目が青く、目鼻立ちが日本人離れした人物が生まれるという解説が、沢口家当主の肖像写真付きで展示されています。また、新郷村が、元は戸来《へらい》村という名称であったこと、その戸来という名称は「ヘブライ」にちなんだものとされています。

ほかにも、父親を「アヤ」「ダダ」、母親を「アパ」「ガガ」と呼ぶ方言がヘブライ語に由来すること、村にはダビデの星を家紋にする家があること、子供が初めて外出するとき額に墨で十字架を記す風習があることなど、興味を引く数々の事例が挙げられています。

解説板のそばには、「いずめこ」（藁で編んだ円形の容器）に入っている青い目をした乳児の人形が置かれ、その額には十字架が墨書されていました。かなりの本気度です。

キリスト祭で盆踊りの歌の謎

新郷村とキリストとの関係を論じるとき、鍵となるものが、キリスト祭で披露される盆踊り歌の「ナニャドヤラ」です。この歌は南部地方（岩手県北部から青森県東部にかけての旧南部藩領）に伝わる民謡で、「ナニャドヤラ　ナニャドナサレノ　ナニャドヤラ」という意味不明の単調な曲が、ただひたすら繰り返されるだけです。

新郷村企画『ナニャドヤラ』のCDジャケット

伝承館にこの曲のCD（写真）があったので買い求めましたが、その解説文に「ナニャドヤラ」の解釈をめぐる三つの説が併記されていました。一つは南北朝時代に、南朝の長慶天皇がこの地に落ち延びてきたとき、無事を知らせるために作った梵語の歌というものです。もう一つは、祭りのときに女性が男性に呼びかける恋歌であるという、柳田國男の説です。そして三つ目が、古代ヘブライ語に由来するという解釈です。

このように、キリストの墓周辺にはキリストに関する情報が満ち溢れていますが、新郷村では、これらのユダヤとの接点を過去のものとしてしまわないための取り組みがなされています。並び立つ二つの十字架の間には大理石の記念碑があります。これはエルサレム市が二〇〇四年に寄贈したもので、除幕式には当時のイスラエル大使が参列したそうです。新郷村の村長もイスラエルを訪問しています。キリストの墓は、国際交流と親善を促進する上で重要な役割を担っているのです。

東北の農村部の例に漏れず、新郷村も過疎化と老齢化の波に直面しています。キリストの墓は、村興しと活性化の切り札となっているのです。

村の人々もキリストとの縁を積極的に活用しています。新郷村のある食堂では、メニューに「キリストラーメン」があります。六芒星《ろくぼうせい》を象った麩が乗った、大葉や梅干しを用いた個性的な味という評判です。今度行ったらぜひ食べてみたいと思っています。

村興しという視点から見落とせないものが、新郷村で作られているドラキュラアイスです。カップに入ったこのアイスは、蓋に十字架とニンニクのイラストが描かれており、神秘的な雰囲気のデザインです。伝承館や、近くにある「道の駅しんごう」で入手できます。

このアイスには、カップ一つに地元産のニンニクが丸々一個分入っていることが売りになっており、大人は一日一個、子供は半分程度にしてくださいという注意書きがあります。食してみるとニンニクの臭みはまったくなく、淡白ですっきりとした味わいです。

「キリストの墓」と並んで、案内板（113頁の写真①）に出ていた「ピラミッド」についても触れておかなければなりません。墓の方角に右折せずに国道を直進すると、ほどなく「大石神《おおいしがみ》ピラミッド」への分岐点に到達します。山道を分け入った先には目印となる赤い鳥居があり、そこから坂を登った丘の上にいくつもの巨大な岩が屹立しています。この「ピフミッド」をめぐっては、かつて岩の表面に神代文字が刻まれていた、岩の割れ目が正しく東西を指している、などさまざまな真偽不明の情報が伝えられています。

大石神ピラミッドはキリストの墓と前後して「発見」されたものです。件の竹内文書には、エジプトを凌ぐ数万年前に遡る世界最古のピラミッドが日本には七つ存在する、という記述がありますす。新郷村のホームページでは、このピラミッドをその一つとする説が紹介されていまます。

昔は雨乞いの場所であったと伝えられていますが、その様子からして神が宿る聖地＝磐座《いわくら》だったことはまちがいありません。古代・中世の祭祀跡が残る、静岡県浜松市の天白磐座遺跡《てんぱくいわくらいせき》とよく似ています。

実際にこの地に立ってみると、神々しい雰囲気を体感できます。これが人工のピラミッドかどうかという問題はさておき、キリストの墓と併せて探訪に値するスポットです。

青森県に「釈迦の墓」があるわけ

ここまで新郷村のキリストの墓をご紹介してきましたが、実は、青森県には釈迦の墓もあるのです。

青森市と五所川原市は、津軽半島の脊梁《せきりょう》をなす津軽山地によって隔てられています。この山地の南端に位置する山に、梵珠山があります。

昔、ダークダックスというコーラスグループが歌ってヒットした曲に「シーハイルの歌」（ドイツ語で、素晴らしきかなスキーよ、といった意味）があります。わたしも若いころ、山の仲間とよく歌ったものです。そのなかに《昨日は梵珠嶺《ぼんじゅね》、今日また阿闍羅《あじゃら》、けむりたてつつ、おおシーハイル》という歌詞があるのですが、ここに出てくる梵珠嶺がまさにその梵珠山です。

梵珠山は標高五百メートル足らずの山ですが、足元に津軽平野や陸奥湾、遠くは岩木山、八甲田を望む眺めのある山です。山腹は深いブナとヒバの森に覆われ、登山道もよく整備されていて、地元の人々に親しまれています。この山の八合目付近に開けた場所があり、梵字を記した木製の角柱が立っています。ここが釈迦の墓といわれている場所です。

話は七世紀の唐の時代に遡ります。そのころ、中国に渡って「西遊記」で有名な玄奘三蔵のもとで修行した道昭という僧侶がいました。三蔵法師は孫悟空らを引き連れてインドに行った折に、釈迦の遺骨を持ち帰っていました。帰国にあたって、道昭はその一部を三蔵法師から譲り受け、この梵珠山に納めたという伝説があるのです。キリスト渡来伝説といい勝負ですが、釈迦が実際に日本にやってきて、ここで亡くなったという伝承も存在します。

梵珠山は古くから霊場として知られた地です。道昭が大釈迦寺という寺を建てたとも伝えられています。かつて「梵珠千坊」といわれる堂舎が建ち並んでいたという山中には、寺院の痕跡が残っています。麓を通る奥羽線には「大釈迦」という駅があり、ここが梵珠山の登山口です。

梵珠山には、毎年旧暦七月九日の深夜から未明にかけて、正体不明の火の玉が現れるという御灯明伝説があります。釈迦の墓を目指して高僧の霊がやってくる際の後光ともいわれています。浪岡観光協会では、当日の深夜に山に登って火の玉の出現を待つ、「火の玉探検」というイベントを毎年開催しています。

入植者と共生できる日本列島

それにしても、なぜ日本にキリストや釈迦がやってきたという、途方もない伝説が生まれたのでしょうか。それぞれの伝承に固有の成立の事情があることはもちろんですが、日本列島が地勢的にそうした伝承を生みやすい場所であったことも、原因の一つであるように思われます。

大陸を西から東に向かって流れてきた人々が、最終的に辿り着く地がこの列島でした。西からだけでなく、樺太を経由して北からも、黒潮に乗って南からも人々が到来しました。温暖な気候と生産力の高い自然に恵まれ、大陸の東の端に位置する日本列島は、漂白の民が集まる吹き溜まりのような位置を占めていたのです。

そのため日本列島には、キリストや釈迦に留まらず、さまざまな渡来者の伝承が誕生することになりました。

たとえば、中国の徐福《じょふく》伝説があります。徐福は秦の始皇帝の命令を受け、多数の従者を従えて不老不死の薬の探索の旅に乗り出し、最終的に日本に到来したとされています。徐福が上陸し定住した地という伝承が、佐賀や熊野をはじめ各地に残っています。

歴史に名を残す政治的な亡命者も少なくありません。四世紀以降、朝鮮半島の戦乱を避けて渡来した人々は奈良盆地にコロニーを作り、その高い文化や技術力を生かして、国の安定と民衆生活の向上に貢献しました。

その際に注目されるのは、長い歴史のなかで、日本列島では民族と出自を口実にした排斥運動や殺し合いが皆無であったという事実です。来訪者が奴隷にされることもありませんでした。入植者集団はそれぞれ独自の文化と言語を保持しながら、平和裡に共存しました。多様性を認めて共生する知恵の糸を、列島の人々は長く紡ぎ続けてきたのです。

人種や国籍を名目とする排除と差別の嵐が吹き荒れるいま、わたしたちの遺伝子に受け継がれているはずの寛容さと国際性に、改めて思いを致してみる必要があるのではないか。キリストの墓をみながら、そんなことを思いました。

第3部

生と死の境界に生きる女たち

10

人が鬼や蛇など異形へと変身する物語が説かれ続けるのはなぜか

道成寺

和歌山県日高郡日高川町

本尊の中から本尊が見つかる

紀勢本線の御坊駅を発った二両編成の電車が道成寺駅に着いたとき、列車から降りたのはわたし一人でした。ホームを降りて小さな駅舎を抜けると、昼過ぎの戸外には十月とは思えないまぶしい陽光が降り注いでいました。

乾いた心地よい風に吹かれながら、わたしは今日の目的地である天台宗道成寺《どうじょうじ》を目指しました。駅前の道を左折し、しばらく進んで右に曲がると、お寺に続く狭くて真っ直ぐな参道が現れます。突き当たりには石段と山門があり、道成寺の伽藍はその先の台地の上に位置しています（次頁の写真）。

道成寺の本堂（和歌山県日高郡日高川町鐘巻）

参道の両側には店舗が続き、お土産を物色する人がちらほらと見受けられます。名物の釣鐘まんじゅうを売る店がありますす。いかにも紀州の地らしく、店頭には、採れたてのミカンや南高梅の梅干しが並んでいます。

道成寺は和歌山県でもっとも古いお寺です。八世紀の初め、文武天皇の時代に遡るという創建の由緒を伝えています。

長い伝統を物語るかのように、寺にはたくさんの古仏があります。境内の宝仏殿には、どっしりとした体躯をした平安初期の仏像群が安置されています。国宝や重要文化財に指定された、個性溢れる仏たちが居並ぶ姿は壮観です。

道成寺の本尊は本堂の千手観音像（重要文化財）です。この根本本尊と背中合わせに、もう一体の巨大な千手観音が安置されています。北を向いていることから、「北向《きたむき》観音」と呼び習わされているこの像は、普段は秘仏とされています。この日は特別拝観が行われていて、幸運にも直にお姿を拝見することができました。

根本本尊と北向観音は、隣り合っているという以上の深い縁があります。根本本尊は、一九八七（昭和六十二）年に北向観音の胎内から発見されました。南北朝時代の制作と推定される北向観音は、本尊の鞘仏《さやぼとけ》だったのです。

みつかった当初、本尊は手がバラバラになっていて、ひどく破損した状況でした。作風から、奈良時代の初期に遡る古仏であることがわかりました。道成寺に現存する最古の仏像です。その後の大規模な修復を経て、いまわたしたちが目にするような姿になったのです。

素材はクスノキで、原材そのものにねじれが入っていて、本来仏像を造るには向いていないものでした。古い時代の神像や仏像には、節や屈曲のある木材が用いられたものがあります。あえてそれを使わなければならない理由があったのです。それはおそらく、その木が聖なる存在＝神木とみなされていたことによるものでした。根本本尊も、神木を用いた可能性が考えられるのです。

『日本書紀』や『日本霊異記』には、漂流する神木から仏を造立したというエピソードがあります。いろいろ想像は膨らみますが、本尊の千手観音像が尋常ならざる過程を経て誕生し、数奇な運命を辿ってきたことはまちがいありません。

この仏像が本尊として本堂に安置されるのに伴い、それまでの本尊は宝仏殿に移されました。いま拝観できる宝仏殿の千手観音像（平安時代・国宝）です。

紀伊半島は千手観音と深い縁があります。粉河寺《こかわでら》の本尊や熊野の那智大社の本地仏もそうでした。なにが原因でこうした縁が生まれたのでしょうか。各所の千手観音信仰は、相互になんらかの関わりを持っているのでしょうか。興味はつきません。

道成寺縁起はなぜ今も人気か

道成寺といえば、なんといっても安珍と清姫を主人公とする「道成寺縁起」です。一人の女性が恋焦がれて大蛇に変身するという衝撃的な話は、説話から能・人形浄瑠璃・歌舞伎に至るさまざまな媒体を通じて語り伝えられ、世間に広まりました。

あまりにも有名なこの物語には、数々のバリエーションがありますが、室町時代に作られた絵巻物を素材としてそのあらすじをご紹介しましょう。

――九二八（延長六）年のことです。奥州から熊野詣でに訪れた修行僧の安珍は、土地の有力者である真砂庄司の屋敷に一夜の宿を借りますが、そこの娘の清姫に一目惚れされて関係を迫られます。彼女の熱情に圧倒された安珍は、熊野詣での大願を果たした後で寄るからと言い繕って、なんとかその場を凌ぎます。

約束を信じて安珍を待ち侘びていた清姫は、約束の日になっても現れない安珍を不安に思い、通行人に聞き回ったところ、すでにこの地を通過したことを知りました。安珍は清姫に知られぬよう、こっそりと通り抜けていたのです。

清姫は我を忘れて、人目も憚らず安珍を追い求めます。追われていることに気づいた安珍は金剛童子に助けを乞いながら逃げていきますが、そのことがますます清姫を逆上させました。履き物を脱ぎ捨て、しだいに蛇体へと変身しながらどこまでも安珍を追い求め、ついには大蛇に変身して日高川を泳ぎ渡るのです（次頁の写真）。

逃げ場を失った安珍が飛び込んだ先が道成寺でした。

寺僧たちは釣鐘を下ろし、そのなかに安珍を匿います。追いついた清姫は安珍の入った鐘に巻き付き、竜頭《りゅうず》を咥《くわ》えて尾でもって鐘を叩き続けました。激しい炎が長時間燃え上がり、だれも近づくことができません。こうして安珍は焼死し、清姫も日高川に入水自殺して、物語は結末を迎えるのです。

その後、二人が蛇道に堕ちたことを夢で知った寺僧たちは哀れんで法華経の供養を行います。すると今度は二人が天人の姿で現れ、自らが熊野権現と観音菩薩の化身だったことを明かすのです……。

現在、道成寺ではこの絵巻を用いての絵解きが行われています。説教台に立てかけた巻子本を、少しずつ広げては巻き取りながら、場面ごとに解説を加えていくのです。いま博物館などに行くと、巻子本の絵巻は平面上に広げて展示されていますが、本来の絵解きのあり方は道成寺の形式でした。

有名な道成寺縁起の一場面。変身する清姫と逃げる安珍
（伊東史朗編『道成寺の仏たちと「縁起絵巻」』より）

道成寺縁起の絵解きは毎日何度も行われています。わたしも拝聴させていただきました。その担当されるご僧侶の語り口は実に軽妙で、ユーモアたっぷりの説教を聞いているうちに、あっという間に時間が過ぎてしまいました。

絵解きは仏像の展示されている宝仏殿で申し込めば、どなたでも聴講できます。会場には能や歌舞伎の一シーンを収めた写真や役者たちの姿を写した絵画・写真などが多数展示されています。能の「道成寺」の舞台で使われたという大きな鐘も展示されています。

境内からは昔の鐘楼の跡が発見されています。発掘調査の結果、そこから火事の形跡がみつかったということです。なんとも興味深い話ではありませんか。

女性が鬼に変身する話

「道成寺」は女性が恋焦がれる執念に引かれて大蛇に変身する物語ですが、謡曲には、ほかにも女性が鬼や異形に変身する作品があります。「葵上《あおいのうえ》」と「黒塚」（安達原）がその代表です。「道成寺」を加えたこれら三つの作品は、「三鬼女」とよばれています。

「葵上」は、紫式部の『源氏物語』から素材を取ったもので、シテ（主役）は光源氏の愛人の六条御息所《ろくじょうのみやすどころ》です。

――源氏の正妻である葵上は、執拗に取り憑く物の怪に悩まされます。その原因を知るべく、梓弓の名手である巫女の照日《てるひ》が招かれますが、彼女の行う「梓の法」に応じて正体を現したのは、源氏の愛人だった六条御息所の生霊でした。

六条御息所の霊は、近ごろ源氏の足が遠のいたことに加え、加茂の祭りの車争いでも葵上に敗れるなどして、積み重なった恨みつらみを切々と訴えます。よばれてきた修験者である横川の小聖が祈祷を始めると、御息所の怨念が鬼女の姿になって出現します。能では この場面で般若の面が用いられます。

鬼女は、横川の小聖とひとしきり激しいバトルを繰り広げた後、最後は調伏されて安らかに成仏を遂げるのです……。

この作品では心中の妬みの感情が鬼の姿として象徴的に表現されますが、日本の古典文学には、実際に女性が生きたまま鬼に変身したという話がいくつも残されています。たとえば、鎌倉時代の説話集『閑居友《かんきょのとも》』に掲載された、「恨み深き女、生きながら鬼になる事」という話です。

——昔、美濃国に住む男が、ある人の娘のもとに通っていました。二人の距離が離れていたこともあって、女は男の行動に疑念をもち、男もまた女の一途さがしだいに重荷になって、やがて通うのをやめるようになります。落胆した女は食事をとることもなく、寝具にくるまって日々を過ごしていましたが、あるとき何を思ったか、水飴を使って髪を五本の角のように硬く尖らせました。そして紅の袴を着けて、夜、家人に知られないうちに姿を消してしまうのです。

三十年ほど経って、美濃の野中にある朽ち果てた御堂に鬼が住んでいて、子供を取って食べたりしているという噂が広がりました。周辺の里の者たちが集まって、鬼を退治するためにこのお堂に火をかけると、建物の天井から、五本の角を生やし赤い袴を着けた鬼が飛び出します。

この鬼は、かの行方知れずの女の成れの果ての姿でした。鬼は弓を引き絞る人々を制止し、恨む男をとり殺した後、人の姿に戻れないままこの堂に隠れ住むに至ったいきさつを語ります。しばし、たとえようのない心身の苦痛を託《かこ》った鬼は、法華経による供養を依頼して、火の中に飛び込んで命を捨てるのです。

「安達原の鬼婆」はなにが主題か

いまアニメ『鬼滅の刃』がたいへんなブームになっていますが、人が生きながら鬼になる話としてもっとも有名なものは、先に触れた能楽の三鬼女の一つ「黒塚」（安達原）ではないでしょうか。いわゆる「安達原の鬼婆」の伝説です。

――仲間とともに諸国巡業の修行を続けていた那智山の山伏・阿闍梨祐慶は、みちのくの安達原に辿り着いたところで日暮れを迎えます。そこにあった一軒のあばらやに宿を乞うたところ、住んでいたのは年老いた一人の女性でした。老女は枠桛輪《わくかせわ》という道具を用いて麻糸を繰りながら、憂世の業に翻弄されるわが身の儚《はかな》さをしみじみ語ります。

夜も更け、ひときわ寒さが増したところで、老女は薪を取りに外に出ますが、決して自分の寝屋は覗かないように念を押します。興味を抑えきれない従者の一人が扉を開けると、そこにあったのは夥しい死骸の山でした。老女は安達原の黒塚に住むと噂されていた鬼だったのです。

仰天して逃げ出した祐慶一行を、怒り狂った老女は鬼の本性を顕にして追いかけてきます。追い詰められた祐慶たちが神仏に加護を祈ると、さしもの鬼女も耐え切れず、闇の中に姿を消してしまうのです……。

「安達原の鬼婆」伝説では、女性が鬼になったエピソードも伝えられています。

――この女は、もとは京都で高貴な家に仕える女房でした。そこの姫は大きくなっても口をきくことができませんでした。占い師の見立てによれば、胎児の生肝《いきぎも》を飲ませれば話せるようになるということでした。

この言葉を頼りに、生肝を求める旅に出た女は、安達原に腰を据えてそれを手に入れるチャンスを待ちます。折しも身重の女性と連れの男性の二人が宿を乞うてきました。これを絶好の機会と捉えた女は、夫が出かけた隙を狙って妻の腹を裂き、胎内の子供を引きずり出そうとします。その折に、彼女がもっていたお守り袋から、この人物が昔、生き別れた自分の娘であり、母を訪ねての旅の最中だったことを知ります。老女は狂乱し、そのまま鬼になってしまうのです……。

福島県二本松市にある天台宗観世寺は、祐慶が自分を守ってくれた観音像を祀るために建てた寺とされています。西に高村智恵子が愛した安達太良の山々を望む景勝の地です。境内には鬼婆の住んでいた岩屋や包丁を洗った池など、伝説にまつわるものが多く残されています。近隣には、鬼婆を葬ったという黒塚もあります。

変身の物語が説く仏性と魔性

道成寺の旅の最後に、わたしは大蛇に変身した清姫が泳ぎ渡ったという日高川を訪れました。寺を背にして、参道を駅方面に折れることなくそのまま進むと、ほどなく日高川の堤防に達します。そこから階段を降りると広い河原があります。

これまでご紹介した異形への変身の物語には、桃太郎の鬼退治のような痛快さは皆無です。深い哀愁の念を引き出し、心の奥底に悲しみの澱《おり》を沈澱させます。それは、なぜなのか——それはわたしたちのだれもが、胸中に制御不能の異形なるものを抱え込んでいるからではないでしょうか。

得られないなにかを追い求めて泣き転び、地面に拳を打ち付けた経験はないでしょうか。求める対象は幼い時分の母親かもしれません。あるいは若き日の恋人かもしれません。見失ったわが子かもしれません。対象に対する愛情が強ければ、それだけ執着も強くなります。その執念が鬼を生み出し、愛する人を傷つけ、自身を破滅に追い込むこともあるのです。

しかし、だからといって、感情を消し去る努力をすべきであるとは思いません。喜怒哀楽の封印の先にあるのは、薄っぺらで面白みのない人生でしかありません。たとえ危険と紙一重であっても、激情の噴出の経験が心の畝《うね》を耕し、人を思いやる本当の力を授けてくれるのです。

蛇形アマテラス（「神道灌頂本尊図」仁和寺蔵／図録『神仏習合』2007年、奈良国立博物館）

中世の神道書は、根源神としてのアマテラスを、人が体内に抱えもつ蛇形の存在として描き出しています（前頁の写真）。

わたしたちはだれしも心中に鬼を飼い、蛇を飼っているのです。それは人生を豊かにすることも、滅ぼすこともできる存在です。人を仏にすることも、悪魔にすることもできるのです。

変身の物語がもつ衝撃力は、心が抱えもつそうした矛盾を、もっとも深いレベルで掻き立てるからではないのか――そんなことを考えているうちに、いつしか日高川の水面《みなも》には夕日が照り映えていました。

11

中世の女性芸能者たちが生きた没落と再生になぜ人々は魅せられたのか

小町寺（補陀洛寺）　京都府京都市左京区

小野小町が終焉を迎えたお寺に

小町寺の通称で知られる京都市左京区の補陀洛寺《ふだらく》（天台宗）を訪ねたのは、日本列島が十年ぶりの厳しい寒波に襲われた二〇二三年一月下旬のことでした。仕事の合間をみての、あわただしい訪問でした。

出町柳駅を出た鞍馬行きの叡山電車が北に進むにつれて、両側からしだいに山が迫ります。線路周辺の民家の屋根に積もる雪の量が少しずつ増えていくのがわかります。

市原駅で降りるとあたりは一面の雪で、駅前の歩道は靴がすっぽりと埋まるほどの積雪でした。駅から少し歩くと、谷間《たにあい》を叡山電車と並行して走る道路にぶつかります。平安時代から続く歴史の道、鞍馬街道です。この街道は京都から鞍馬山に向かう参詣路であると同時に、日本海に面した丹後・若狭国へと通じる物流の動脈でした。

滑る足元に気を配りながら鞍馬街道を京都方面に五分ほど進むと、ちょっとした上り坂にぶつかります。その坂の頂点から左手に急な石段が延びていて、そこを登り切った先が今日の目的地の補陀洛寺です（写真）。

雪の京都・小町寺こと補陀洛寺の門前

補陀洛寺のある場所はかつて市原野《いちはらの》とよばれたところです。その美貌で有名な小野小町（九世紀頃の歌人）が晩年を過ごし、最後を迎えた地として知られています。小町寺という通称はそこからきたものです。この日、雪に覆われた境内に人の姿はまったくありません。新雪に足跡を残しながら、わたしは一人、深閑とした境内を歩きました。

小町寺には、小野小町にまつわるさまざまな伝承が残されています。身寄りがいなくなった小町は各地を流浪した末に、この市原の地に居着いて晩年の時期を過ごしていました。あるとき井戸を覗き込んだ小町は、水鏡に映る老いさらばえた自身の姿に愕然とし、その衝撃が癒えることのないままこの地で終焉の時を迎えます。

境内には小町が覗いたという「姿見の井戸」が残されています。予約していなかったためこの日拝観することは叶いませんでしたが、小町晩年の姿を模したという「小町老衰像」が安置されています。

京都にはもう一つ小町伝説のある寺院があります。山科にある随心院（真言宗善通寺派大本山）です。こちらも小野小町終焉の地とされていて、小町がもらったという千通の恋文を収めた文塚、小町が化粧を直したという化粧井戸などの遺跡があります。年老いた小町が倒れた卒塔婆に腰掛ける姿を表現した「卒塔婆小町坐像」も伝えられています。

平安の女の晩年はなぜ不幸か

平安時代は宮廷を舞台として艶やかな王朝文化が花開いた時期でした。その主役となったのは、後宮の女官たちでした。才気溢れた紫式部や清少納言や和泉式部のような女性たちが華々しい活躍を繰り広げたことは、だれもが知るところです。

小野小町の場合、『古今和歌集』に十七首の歌が収められているものの、『源氏物語』『枕草子』のようなまとまった作品を残していないこともあって、仁明天皇の更衣《こうい》（女官）であったということ以外、その実像はほとんど分かっていません。絶世の美女であったという評判は広く語り伝えられていて、それが新幹線「こまち」や秋田のブランド米「あきたこまち」の命名の由来となっています。にもかかわらず、小町がどのような人物であったかは不明のままなのです。

それは小野小町に限らず、平安朝の女性たちに共通する現象でした。紫式部や清少納言のようなトップクラスの有名人でも、例外ではありません。特に引退後については、彼女らがどのような人生を送ったのか、まったく情報がないのです。

その一方で、彼女らの晩年に関して、膨大な量の真偽不明の伝承が残されています。興味深いことに、彼女らが平穏で幸せな老後を送ったという話はありません。逆に、大半がゴシップネタといっていいような没落譚なのです。それは小町についても例外ではありませんでした。

小町寺に伝えられている品々にも、それをうかがうことができます。たとえば先に触れた木彫の「小町老衰像」です。腰を下ろして休憩する老婆の姿です。放浪の旅の途中であることを示すためでしょうか、右手には杖を握っています。くたびれた感じに表現された着物の胸元は大きく開いており、そこから痩せて浮き彫りになった肋骨がのぞいています。美人としてもてはやされたという若い時分の様子は片鱗も見出すことができません。

境内には「あなめの薄《すすき》」の碑が立っています。小町は市原野で亡くなるのですが、身寄りがなかったため、その遺体は埋葬されることのないまま放置されてしまいます。後にここを通りかかった僧の耳に「あなめ、あなめ」（ああ、目が痛い）という声が聞こえます。いぶかしく思った僧があたりを調べると、ドクロが一つ転がっており、その目の部分を貫いてススキが生えていました。「あなめ、あなめ」という言葉は、ススキが風に揺れて、それに目が擦れて「痛い」と叫ぶ声だったのです。

このドクロこそは小町の成れの果ての姿であり、それを憐れんだ僧は丁寧に供養してこの地に葬りました。その場所を示すものが、この石碑でした。そばには小町の有名な歌、「花の色は移りにけりないたずらに　わが身世にふるながめせしまに」（『古今集』）を刻んだ碑が立っています。

小町伝説に加わる落魄譚の謎

それにしても、小野小町をめぐるこの途方もない伝説は、どのようにして誕生したのでしょうか。その形成に決定的な影響を与えたとされるものが、『玉造小町子壮衰書《たまつくりこまちしそうすいしょ》』という一冊の書です。

　この作品は、小町の没後それほど隔たっていない時期に書かれたものと推定されています。作者は不明ですが、長らく弘法大師空海作と伝えられてきました。町を放浪する老齢の女性の独白を記した序文と、それを聞き手の作者が詩にまとめた本文からなっています。裕福な家に生まれ、贅沢な生活を満喫していた主人公が、親兄弟の死をきっかけにしてしだいに落ちぶれ、悲惨な境遇に転落するさまが描かれています。

　実家の没落によって高貴な人物との結婚を諦めた後、主人公は猟師の元に嫁いで一児を儲けます。しかし、幸せな結婚生活を実現できないまま、夫と子供に先立たれます。最終的に、素足で徘徊しながら乞食によってかろうじて命をつなぐ、いまのような生活に陥ってしまうのです。

　不幸な人生を記した前半部に対して、序文でも本文でも、後半部分では一転して救いに至る道が説かれます。主人公が経験したのは、だれも避けることのできない無常の道理でした。過去の栄華にしがみつくのではなく、仏の教えに帰依して浄土往生を願うところに、無常を超える真実の生き方がある。どんな人間も漏れなく救いとってくれる偉大な「仏の功徳」を讃えるために、この作品は書かれたのだ——これが本書の結びの言葉となるのです。

この作品は本来、小野小町とは関わりのないものでしたが、ある時期から小町が主人公のモデルとされるようになります。「壮衰書」というタイトルに、「玉造小町子」という言葉が付け加えられたのは、そうした結びつきができた後の出来事と考えられます。

この転換をきっかけにして、坂道をころがる雪玉が膨らんでいくように、小野小町伝説に次々と新しいエピソードが付け加えられます。鎌倉時代の説話集『古今著聞集』では、『壮衰書』の内容を要約した落魄譚《らくはくたん》に続いて、「わびぬれば身をうきくさのねをたえて　さそう水あらばいなんとぞ思《おもふ》」という歌の由来が説かれます。

文屋康秀《ふんやのやすひで》が三河の掾《じょう》として下向するときに、一緒に行かないかと誘われて詠んだものとされています。小町の歌が本来のコンテクストから切り離されて、彼女の没落という文脈のなかに位置付けられていくのです。

卒都婆小町に込められた宿業

小町伝説が、独自の世界観に裏打ちされて集大成されていくのが室町時代の謡曲（能）の世界でした。ここでは、世阿弥が関わった二つの著名な作品、「通小町《かよいこまち》」と「卒都婆小町」をとりあげ、そこに描かれた小町像をみていきたいと思います。

「通小町」は八瀬の山里で修行する僧の元に、一人の女性が木の実などの差し入れをもって毎日訪れるシーンから始まります。名を尋ねると女性は、「小野とはいわじ、薄生ひたる市原野辺に住む姥ぞ、跡弔ひ給へ」という言葉を残して、忽然と消えてしまいます。「小野」「薄」という言葉から市原野に眠る小町を連想し、その跡に足を運んで供養する僧の前に現れたのは小町の幽霊でした。

小町は悪道からの離脱を願って受戒を望みますが、そこにもう一人の幽霊が現れて、それをやめさせようとします。こちらは小町を熱烈に恋い慕った深草少将でした。百晩連続して小町の元に通ったならば、その思いを受け入れようという小町の言葉を信じて、深草少将は毎夜、小町を訪れますが、九十九夜通ったところで命を落としてしまいます。その執念のために亡霊となって、死んだ後もなお小町にまとわり続けているのです。

深草少将は小町だけが悟りの世界に入って離れ離れになることを嫌って、彼女をあくまで妄執の世界に引きとどめようとします。しかし、最終的に二人はともに僧から戒を授けられ、仏道を成就するという筋書きです。

この作品では、深草少将の百夜《ももよ》通いのエピソードや小町の墓が市原にあることなどが語られていて、それが以後の小町伝説のベースとなっていくのです。

「卒都婆小町」では生前の小町が主人公（シテ）です。高野山の二人の僧が、上京の途中、倒れて朽ちかけた卒塔婆に腰掛けて休む一人の老婆をみかけ、仏にも等しい卒塔婆に対する冒涜《ぼうとく》だからやめるように諭します。無学な乞食と思っていた老婆がこれに整然と反論するところが、この作品の面白さです（写真）。

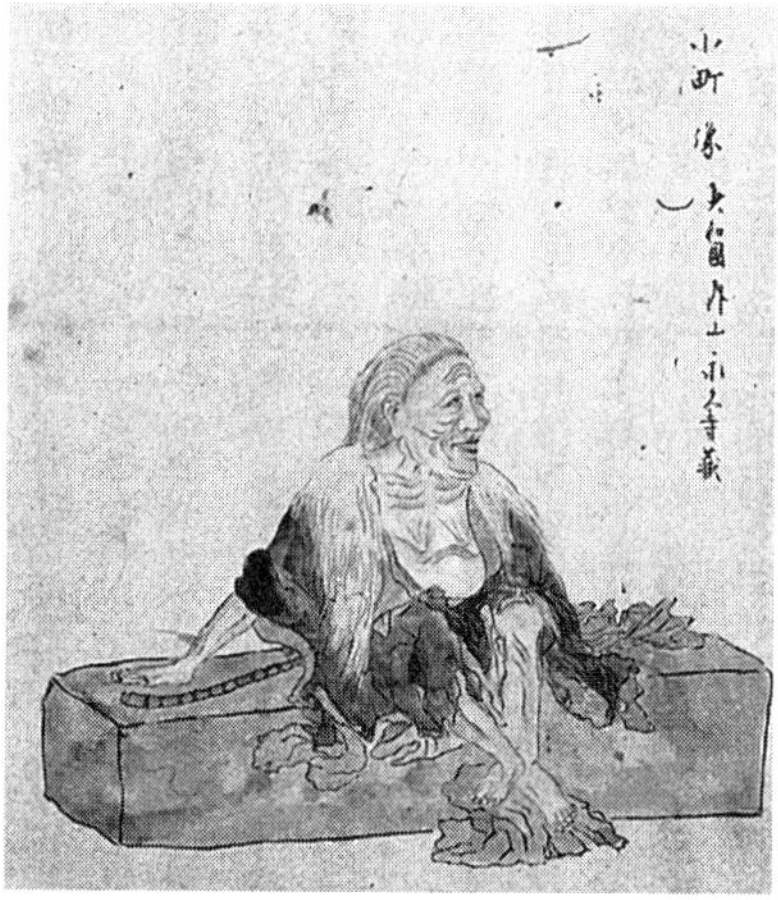

卒塔婆に腰掛ける小町（田端靖子他著『女人、老人、子ども』中央公論新社より）

老婆はまず、卒塔婆も人間もそれを構成する要素（五大）は同じであり、人は仏性を内在する存在だから、その聖性において卒塔婆となんら本質的に異なったものではないと主張します。また落ちぶれた身とはいえ、自分も尊い心の花を秘めているのだから、こうして腰掛けること自体が花を手向ける行為であり、卒塔婆に対する供養であると主張するのです。

この言葉を聞いて老婆を見る目が変わった僧に、老婆は自分が小野小町であることを打ち明けます。さらに、美貌をもてはやされた過去の栄華と対比しながら、落ちぶれた現在の暮らしぶりを託《かこ》つのですが、しだいにその様子が尋常ならざるものに変化していきます。小町に深草少将の亡霊が取り憑いたのです。

小町に乗り移った少将の霊は、後一夜というところで百夜通いが成就しなかった恨みを語り、その通いの有様を再現します。狂乱もやがて鎮まり、落ち着きを取り戻した小町は、極楽往生こそが人の願うべき究極の道であると述べ、静かに合掌するのです。

作家の三島由紀夫は、これを独自に翻案して現代劇「卒塔婆小町」に仕立てました（『近代能楽集』所収）。舞台は夜の公園で、捨てられたタバコを拾って暮らす貧しい老女が座っているのはベンチです。老女はかつてたいそうな美人でしたが、彼女を美しいといった男は必ず命を落とすことを運命づけられていました。

原作の「ツレ」の僧はこの作品では若い詩人になっています。会話を交わすなかで、二人はまだ老女が若かった時の世界に入り込み、詩人は一瞬の恍惚と引き換えに、「君は美しい」と呟くのです。謡曲とは別の意味で、人間の抱え込んだ宿業を掘り下げた心乱される作品です。

小町寺が供養の場になったわけ

小町の墓所と市原野は、いつ、なぜ結びつくことになったのでしょうか。

小町寺に集められた石仏や供養碑

改めて小町寺の立地に着目してみましょう。道路からさらに石段を登った高台に位置しています。隣には大念寺、鞍馬街道を挟んだ向かい側には静林寺・恵光寺があります。いまではかなり掘り下げられて切り通しになっていますが、本来街道は小町寺とほぼ同じ高さを通っていたと推定されます。小町寺は「篠坂《しのさか》」といわれた坂の頂上に立つ寺だったのです。

小町寺をはじめとする寺院群が、いつ、いまのような形を取るようになったのかは不明ですが、それを考える手掛かりとなるものがあります。小町寺の境内奥に集められた古仏・供養碑の一群です（写真）。これらのなかには、中世に遡るとみられるものがあります。

篠坂は中世から近世にかけての時期、周辺の市原・野中・二ノ瀬・鞍馬・貴船五ヶ村の惣墓《そうばか》（共同墓地）でした。これらの村では死者が出ると、ここに運んで埋葬しました。

中世の惣墓の場合、死体を埋めないで風化に任せることも多く行われていました。坂の上に位置するこの地は彼岸との境界の場でした。死者供養のための小さなお堂が立ち、その周囲に土葬・火葬の墓が立ち並んで、その合間に朽ち果てた死骸や骨が転がっているという風景が広がっていました。

小町寺の古碑はここに眠る死者供養のために立てられたものだったのです。

室町時代に小野小町がこの地に眠っているという伝承が定着すると、惣墓を守るお堂は同時に小町を供養する堂としての役割を与えられるようになります。それが今日の小町寺へとつながっていったと考えられるのです。

中世は人々が遊動する時代でした。運送業者や霊場参詣者に加えて、和讃や絵解きを生業《なりわい》にするたくさんの芸能民が路上を行き来していました。そのなかには多数の女性の芸能者がいました。小町伝説は彼女らによって説かれ、全国に広まっていくのです。

彼女らは繰り返し小町の生涯を説くなかで、小町の人生をみずからに投影するようになります。それを聴く人々も、二人の人生を重ねるようになります。小町と市原の結びつきは、もしかしたらこの惣墓に運ばれた、一人の行き倒れの女性芸能者に端を発するものだったかも知れないのです。

12 室町時代にはなぜ怨念も復讐心も救済願望も見せない幽霊が語られたか

猿沢池　奈良県奈良市

時代によって異なる幽霊文化

夏本番を迎えて暑い日が続いています。夏といえば、なんといっても怪談のシーズンです。今回は、背中がヒヤリとするあの感触を求めて、幽霊にまつわるいくつかのスポットを取り上げてみたいと思います。

かつて『リング』や『学校の怪談』など日本発のホラー小説・ホラー映画が世界を席巻した時期がありました。一時ほどの勢いはありませんが、いわゆる「ホラーもの」が日本のサブカルチャーを代表する作品であるという認識は、いまでも広く社会に共有されているといっていいでしょう。

現代日本のホラー文化の直接の源流をなすものとして、しばしば指摘されるものが江戸の怪談です。幽霊は、落語をはじめ、歌舞伎・浮世絵の題材として好んで取り上げられ、大衆文化として庶民の間に深く根を下ろしました。幽霊をめぐるたくさんの怪談が日々高座にかけられ、歌舞伎では生々しい復讐のシーンが再現され、それを描いた錦絵が大量に世間に流布していくのです。

いうまでもないことですが、江戸時代より前にも幽霊は存在しました。しかし、その性格は江戸のそれとはかなり異質でした。今回は中世に遡る幽霊文化として、室町時代の謡曲（能）に描かれた幽霊のイメージを取り上げ、江戸のものと比較しながらその特徴をみていくことにしましょう。その前にみなさんをお連れしたいのが、古都奈良にある一つのスポットです。

ＪＲ奈良駅を降りて左手に進むと、奈良市街を東西に貫くメインストリート、三条通りに行き当たります。三条通りは駅前から先が一方通行の一車線の道路となっており、きれいに整備された石畳の歩道が広く取られて、両側にはカフェ、土産物店、寺院などが並んでいます。道は東に向かって緩やかな登り傾斜をなしており、一の鳥居から春日神社の参道に接続しています。

正面に春日山を見ながら三条通りを東に向かうと、やがて街並みが途切れ、右手に池が見えてきます。

周囲三百六十メートルの猿沢池です。遊歩道になっている池の周りには柳が植えられ、ベンチが置かれています。池の中には小さな島があり、亀が甲羅干しをしている姿を目にすることができます。三条通りを挟んだ北側の高台には興福寺の伽藍群があり、その五重塔が池に映った姿は奈良を代表する景観として有名です（写真）。

奈良市の猿沢池からのぞむ興福寺五重塔

興福寺の対岸に位置するのは、近年人気の観光地となっている、ならまち商店街です。雑貨の店や飲食店が並び、格子戸のある古い町家を改造した個性的なカフェやスイーツのお店もあります。ならまち商店街のある地域は、奈良時代には元興寺の境内だった場所です。

元興寺はもともと猿沢池を挟んで興福寺と接する巨刹でした。しかし、興福寺が時代の波に乗って中世を代表する大寺院へと変貌していったのとは対照的に、元興寺は経営戦略に失敗して、その巨体を維持できなくなります。

ならまち商店街の先にあるいまの元興寺は、本来あった寺院のほんの一部に過ぎません。とはいっても、その境内には創建当時の建物が残っており、宝物館には珍しい中世納骨信仰の遺物も豊富に陳列されています（第1巻 第5章参照）。

ならまちにお出かけの際には、ぜひ足を伸ばしてみてください。

猿沢池に背を向けるようにある采女神社

鳥居に背を向けた社殿のなぞ

猿沢池に面して、白壁と朱色の柱が鮮やかなコントラストをなす采女《うねめ》神社があります。うっかりすると見落としてしまいそうな目立たない社です。池の方角に鳥居が立っていて、その先に社殿があります（写真）。

神社は通常、鳥居の側から社殿を拝みます。そのため、鳥居越しに社殿と参拝者が正面から向き合うことになります。しかし、この采女神社は社殿が池と反対方向を向いています。参拝者と鳥居に背を向ける形で建てられているのです。なぜこのような不思議な形態を取ることになったのでしょうか。

十世紀ごろ、百七十三のエピソードを集めた『大和物語』という物語集が編纂されます。この作品は『伊勢物語』と並ぶ初期の物語文学の代表作です。以下に紹介するのは、その百五十話として収められた話です。

かつて奈良に都が置かれていたころのことです。一人の美しい采女がいました。采女とは天皇の側に仕えて、その身の回りの世話をする役割を担った女官です。地方の有力豪族の娘が、京都に上って采女となるケースが多くみられました。

采女は宮中の身分としては決して高いものではありません。ただ容姿端麗な人物が天皇にみそめられてその寵愛を受けることは、珍しい出来事ではありませんでした。天皇には正式な配偶者として皇后・妃などがいましたが、采女が帝の子を身籠った場合、宮廷での地位は大きく上昇しました。その子のなかからは、高い地位に就く者も現れました。天皇の寵愛を受けることは、采女の出身一族にとっても大きな喜びだったのです。

さて、『大和物語』に戻りましょう。

――かの采女には、その美しさゆえに殿上人などからしきりに誘惑があるのですが、彼女がそれを受け入れることはありませんでした。帝《みかど》一人に心を捧げていたのです。その気持ちが届いたのでしょうか、采女は帝に召されて一夜を共にします。けれども、その後二度と彼女に声がかかることはありませんでした。

夜の寵愛はなくても、仕事上、采女は常に帝に近侍してその姿を目にする立場にありました。そのことがかえって彼女を苦しめました。帝を思う愛おしさと苦しみに、もうこれ以上耐えきれないと思った采女は、夜こっそりと宮中を抜け出し、猿沢の池に足を運ぶと、湖水に身を投げてしまうのです。

帝は采女の入水を知りませんでしたが、後にこの話を聞いて哀れに思い、みずから池のほとりに赴きます。そこで亡くなった采女の供養のために供の人々に歌を詠ませるとともに、帝自身も歌を捧げるのです……。

『大和物語』で取り上げられたことをきっかけとして、猿沢池は采女が身投げした地として知られるようになりました。自死を遂げた采女を憐れんだ人々は、その霊を慰めるために社を建立します。ところが、祀られた采女の霊は、みずから命を絶った池をみるのは忍びないという理由で、一晩のうちに池とは反対方向を向いてしまいます。これが、いまに語り伝えられている、鳥居に背を向ける社殿の由来なのです。

奈良と福島の采女を偲ぶ伝承

采女にまつわるこの伝承にもとづいて、奈良では毎年中秋の名月の日に采女神社の例祭が行われています。

例祭の主役は、秋の七草を使って作られる巨大な花扇《はなおうぎ》です。祭りは夕方、花扇使や稚児などに伴われたこの花扇が市内を巡行するところから始まります。一行が采女神社に到着すると花扇が奉納され、采女の霊を鎮めるための神事が執り行われます。神事の後、花扇は池に浮かべられた管弦船に移され、雅楽の調べに伴われて池を周回します。最後に花扇が池に投じられて儀式は終了です。

福島県郡山「うねめまつり・踊り流し」

いま、わたしは奈良の采女祭りをご紹介しましたが、悲運な采女を慰めるための祭りは福島県でも行われています。郡山の「うねめまつり」（写真）です。郡山を含む安積《あさか》地域に残された伝承に基づいて、一九六〇年代に始まったものです。その伝承とは以下のようなものです。

——奈良に都が置かれていた時代のことです。安積地域は厳しい飢饉に襲われ、税を納めることができなくなりました。困った住民たちは、都から訪れた巡察使の葛城王に貢納の免除を願い出ますが、聞き入れてもらうことはできませんでした。

その夜の接待の宴でのことです。一人の美しい女性が葛城王の目に止まります。里長の娘の春姫です。春姫は心を込めて葛城王を接待するとともに、歌を詠んで彼の心を和らげようとします。その振る舞いに感銘を受けた王は、姫を采女として帝に献上することを条件に、三年間の税の停止を認めるのです。

すべてがうまく運んだようにみえますが、一つ問題が残されていました。春姫には次郎という将来を誓い合った相手がいたのです。京都に上った春姫は帝の寵愛を受けますが、どうしても故郷に残した次郎のことを忘れることができませんでした。思いつめた春姫は中秋の名月の日、猿沢池のほとりの柳に衣を掛け、入水を装って出奔して安積に向かうのです。

しかし、故郷で春姫を待っていたのは、悲嘆して山の井の清水に身を投げた次郎の墓でした。春姫は雪の夜、次郎の後を追うように同じ清水に身を投じます。春になると、清水の周りには名も知れぬ植物が薄紫の可憐な花をつけていました。人々は「あの世で結ばれた二人が、この花に姿を変えた」と語り合いました。松尾芭蕉も訪ね歩いたという「安積の花かつみ」（ヒメシャガ）とよばれる花です。

郡山市では八月三日から三日間にわたって、この故事にちなんだ「うねめまつり」が盛大に開催されます。おりしも東北の夏祭りのシーズンです。東北の玄関口にあたる郡山に足を止め、祭りの呼び物「踊り流し」をのぞいてみてはいかがでしょうか。

采女説話からわかる幽霊の姿

わたしはいま、奈良と郡山に伝わる采女伝説をご紹介しました。細かい点は違っていても、どちらも『大和物語』のストーリーを踏まえたものであることは明らかです。この伝説が縁となって、奈良市と郡山市は姉妹都市の協定を結んでいます。

ここまで読み進んできて、どこに今回のテーマである幽霊が出てくるのかと訝しく思われた方もいらっしゃると思います。実はこの采女説話が幽霊と結びつく話があるのです。室町時代に作られた謡曲「采女」です。

――旅の僧の一行が南都（奈良）を訪れたときのことです。春日の森で木を植えている一人の女に出会います。女は僧たちに対し、昔から木を植え続けてきた氏人《うじびと》たちの努力がこの美しい森を作り上げたことを誇らしげに語り、春日の神を讃えます。その後、女は一行を猿沢池に案内すると、帝の寵愛が薄れたことを嘆いて入水した采女の故事を語ります。そして、自分こそがその采女本人であることを明かしてどこかに消え去ってしまうのです。

この話を聞いた僧たちは、亡くなった采女を弔うべく法会を始めます。そこに池の中から件の采女が現れて、帝に仕えていた華やかな時代を懐古しながら舞を披露します。彼女はいまの治世を讃え、永遠の御世を寿ぐと、再び池に姿を消してしまうのです。

ここに登場するのは、紛れもなく采女の幽霊です。しかし、わたしたちがイメージしている幽霊とはかなり異質にみえます。

ちなみに、いま日本人に共有されている幽霊のイメージとは、どんなものでしょうか。「番長皿屋敷」のお菊さんや、「四谷怪談」のお岩さんを思い出してみてください。江戸の怪談を貫く主旋律は強烈な怨念と復讐劇です。恨みを抱いて無惨な死を遂げた者たちが、その恨みを果たすべくこの世に出現し、いつまでも相手に付きまとうのです。結末は復讐の完遂でした。復讐が成し遂げられない限り、幽霊は決して諦めることはなかったのです。

しかし、「采女」に登場する娘の幽霊に怨念はみられません。だれかに復讐しようとする意図もありません。一時代前の院政期や鎌倉期の幽霊のように、悪道を脱して悟りを求める熱烈な救済願望もありません。そっと現れ過去を回想しながら、ただそこに佇み続けるのです。

そうした穏やかな幽霊のイメージは他の作品にもみることができます。観世元雅作の有名な能に「隅田川」があります。京都の北白川に住んでいた母が、半狂乱になりながら、人買いにさらわれたわが子の梅若を訪ねて武蔵国の隅田川に辿り着く話です。しかし、子はすでに一年前にこの地で亡くなっており、残されているのはその墓だけでした。

母を哀れに思った船頭たちは彼女を梅若の塚に案内し、一緒に大念仏で供養するよう勧めます。夜が訪れ、一同が闇の中で念仏を唱えていると、塚のなかから唱和する声が聞こえます。母が一人で唱えてみると、聞き覚えのある子の声がそれに応え、その亡霊が姿を現します。母は近づいて抱きしめようとするのですが、触れ合うことは叶いません。

やがて東の空が白み始め、幽霊は姿を消してしまいます。後に残されたものは、浅茅《あさじ》の生えた塚だけでした……。

梅若は幼くして無理やり母の元から連れ去られ、遠い東国で病気になると人買いからも見捨てられ、寂しく息絶えます。彼がそうなった原因はすべて人買いにあります。江戸の怪談であれば、梅若による激しい復讐劇が後半のテーマになるはずです。しかし、この作品ではそうした方向にストーリーが展開することはありませんでした。幽霊は静かに現れ、恨みの言葉を発することもないまま静かに身を隠すのです。

猿沢池をめぐりいま何を想う

「澄まず濁らず、出ず入らず、蛙わかずに藻は生えず、魚七分に水三分」――猿沢池の七不思議として語り伝えられている言葉です。澄むこともなく、濁ることもなく、いつも同じ様子をしている。流れ込む川もなく、流れ出す水もない。亀はいてもカエルはいない。毎年放生会でたくさんの魚類が放たれているにもかかわらず、池が魚で溢れかえることがない――おおよそんな意味です。都市の中心部に位置し、それほどの水深がないにもかかわらず、猿沢池は豊かな生態系を保っているといわれます。

二〇二三年三月の桜の季節に、わたしは猿沢池のほとりを歩いてみました。コロナパンデミックもようやく収束の目処が立った時期です。たくさんの外国人観光客が、思い思いに周囲を散策しています。わたしは池を眺めながら、ここに飛び込み、幽霊となって現れた遠い過去の女性のことを思いました。しかし、日差しに照り映える水面からは、どうしてもその姿をイメージすることができませんでした。

明るく満ち足りた表情をしたたくさんの旅行者が行き交う猿沢池に、千数百年の時を経た今日もなお、自死した采女はまだ背中を向け続けているのでしょうか。

13 幽霊の話でも怖いだけでなく母と子の情愛に涙する伝承が絶えないわけ

六道の辻　京都府京都市東山区

死が最も身近に感じられる境

日本列島には、各地に「六道の辻」と呼ばれるスポットが存在します。わたしの住んでいる仙台にも、かつて六道の辻がありました。

「六道」とは迷いの境涯を指します。仏教では、わたしたちを取り巻く世界を、最上位の仏界から最下位の地獄界まで十段階（十界）に区分します。六道には、そのうちの「天」以下の六界が所属します。よく耳にする「餓鬼」「畜生」「修羅」も六道の一つです。

衆生は、いつまでもこの六道をぐるぐると回り続けること＝六道輪廻を宿命づけられています。運よく人間界や天界に生まれても、次に生まれ変わった時には犬や猫に姿を変えているかもしれません。この六道輪廻の鎖を断ち切って、その上の「四聖」（声聞・縁覚・菩薩・仏）に到達することによってしか、人は真の幸福を実現できないと説かれます。

「六道の辻」は、仏教のこの「六道」に由来します。しかし、実際にはそれとは違って、現世と来世の境界という意味で用いられることが多いようです。今生を終えて、迷いの世界＝六道に転生していく入り口と考えられた場所なのです。

今回は京都の東山区にある六道の辻を訪ねてみたいと思います。

正面に東山を見ながら、四条通と五条通の間に位置する松原通を東に向かい、松原橋で鴨川を越えます。夏のこの時期は川に迫り出すようにして数多くの床《ゆか》（高床式の桟敷）が設けられ、その上で人々が涼んでいる姿を目にすることができます。

橋を渡ってしばらく道なりに歩くと、右手に西福寺（浄土宗）が姿を現します。その門前に「六道之辻」と刻まれた石柱が立っています。西福寺を過ぎて松原通をさらに進むと、六道珍皇寺（臨済宗建仁寺派）の門前です。そこにも「六道の辻」の標識があります。西福寺から珍皇寺に至る界隈が、かつて六道の辻とよばれた地だったのです。

「辻占《つじうら》」という言葉があるように、二つの道が交差する辻は異界との接点であり、神の声を聞き未来を覗くことのできるスポットと考えられていました。六道の辻はこの世とあの世の境界に位置していました。そのため、さまざまな不思議な現象が語り伝えられています。

いまでも京都では、お盆の時期に死者の精霊が六道の辻に現れると信じられています。京都の人々は六道の辻に出掛けては懐かしい故人を出迎え、高野槙の枝に憑依させて家に連れ帰って歓待します。今年も、まもなくやってくる「六道まいり」の風習です。

六道の辻は、かつて葬送の地として知られた鳥辺野の入り口にあたります。鳥辺野は、西の化野《あだしの》、北の蓮台野とともに京都を代表する共同墓地でした。『源氏物語』の主人公、光源氏の正妻・葵上も、送られた先は鳥辺野でした。

鳥辺野は、鴨川東岸の清水寺から阿弥陀ヶ峰にかけての麓一帯に広大な地を占めていました。死者はこの六道の辻を通って、鳥辺野に運ばれていったのです。

六道の辻の近くには処刑場として知られた六条河原もあります。京都でもっとも死が身近に感じられる場所がこの六道の辻だったのです。

「幽霊子育飴」が伝え続ける話

先ほどご紹介した西福寺に向かい合うように、松原通に面して一軒の飴屋が店を構えています。「みなとや幽霊子育飴本舗」です（次頁の写真）。若干レトロな雰囲気を残した、気をつけないと見落としてしまいそうな小さなお店です。ここでは四百五十年以上の歴史をもつという、名物の「幽霊子育飴」が売られています。この奇妙なネーミングの由来について、みなとやは、次のような伝承を伝えています。

――いまとなってははるかに遠い昔、江戸時代の一五九九（慶長四）年のことです。この店に夜な夜な飴を買いにくる一人の女性がいました。

おりしも、京都に住む江村という人物が妻を亡くして、その遺体を墓に葬るという出来事がありました。数日を経て、土の中から子供の泣き声が聞こえるという話が持ち上がります。様子を確認するために墓を掘り返してみると、そこには元気な赤子がいました。亡くなった女性は妊娠していて、埋葬後に男の子を産み落としていたのです。

墓地から赤子が救出されてから、女が飴を買いに来ることはなくなりました。この女性は亡くなった江村氏の妻の幽霊で、子供を育てるために飴を求めていたのだ、と人々は噂し合いました。

「みなとや幽霊子育飴本舗」の店

救い出された子は八歳になると仏門に入り、熱心に修行を重ねて高貴な僧になりました。一六六六（寛文六）年、六十八歳で遷化したといわれます。

そんなこともあって、いつしかこの店で売る飴は「幽霊子育ての飴」とよばれるようになりました。新生児の命をつないだということで、薬飴ともいわれました。亡くなった母親の魂がわが子に届け続け、その命を守り抜いてきた伝統の飴を、みなとやでは四百五十年以上も大切に伝え続けてきたのです。京都にお越しの際にはお店に御運びいただき、命をつないだという飴をご堪能ください……。

わたしも近くに出かけた折に、何度か寄せていただいたことがあります。赤い包装紙にくるまれた飴は、透き通ったきれいな琥珀色をしています。昔ながらの麦芽糖を原料としているためでしょうか、口に含むと穏やかで優しい味わいが広がります。お土産に持ち帰った時、高齢の母がとても喜んで食べてくれました。

子育てをする幽霊の伝説は、各地に残されています。京都では日蓮宗の名刹である立本寺に同様の伝承があり、やはり「幽霊子育飴」が販売されています。こちらの伝承では、幽霊が飴を買いに来たのは出町柳の飴屋ということになっています。救出された赤子は寺に引き取られて育てられ、立本寺二十世貫首の日審上人となりました。

岩手県遠野の西来院に奉納された「供養絵額」

いま境内の刹堂には日審上人の木造が祀られ、安産守護の日審さまとして人々の信仰を集めています。

死してもなお子を思う母の愛

男性であるわたしは経験ありませんが、出産はいまでも命懸けの大事業です。お腹のなかで長期間慈しみながら育て続け、苦悶の果てに目にする新生児の顔が、母親にとってどれほど愛しいものかは想像するに余りあります。

しかし、すべての母子が幸福な対面を遂げるわけではありません。生まれた子が息をしていないことがありました。難産の末に、母子がともに命を落とすこともありました。出産を楽しみにしながらも、子供をお腹に残したまま、母親が事故や病気で命を失うこともありました。医療水準が低い過去の時代には、こうしたケースは決して稀ではなかったのです。

子育て飴の伝承の根底には、待ち望んだ子との対面が叶わない母親の無念がありました。そうした母の想いに共振する人々の心が、その伝説の各地への定着を後押ししていったと推測されるのです。

子供との幸福な時間を持つことのできなかった母親に対する同情と、その悲しみを慰めるための風習は、地域ごとにさまざまな形態をとって日本列島に根付いています。以前一度ご紹介しましたが、岩手県の遠野地方では、死者たちがあの世で寄り集まって歓談している様子を描いて寺院に奉納する、「供養絵額」といわれる風習が行われていました。ここに掲載した写真は、西来院（第1巻 第18章参照）という寺院に納められたその一枚です（前頁の写真）。

この絵には母子と思しき二人の人物が描かれています。裕福な家なのでしょう、二人とも綺麗な着物を着ています。子供は達磨を載せた馬の玩具を引いています。床にはほかにもたくさんのおもちゃがあります。食卓には立派な器に盛られた食べ物が並び、お銚子も一本添えられています。母親の前には小皿と盃が置かれています。子供の様子を窺いながら、衣類の整理をしているように見えます。

ここに描かれているのは穏やかに流れる親子の時間です。何一つ不自由することのない満ち足りた生活の様子です。しかし、供養絵額の常として、この二人はこの世の人物ではありません。右端の掛け軸の戒名がそれを示しています。

子供の命日は一八七四（明治七）年七月七日です。母は八月十五日です。二人はほぼ一カ月の時期を隔てて相次いで亡くなっているのです。

二人がどのようにして命を落としたかは、推測するしかありません。「孩」という字の入った戒名からして、子供は二、三歳ほどで亡くなったものと思われます。可愛い盛りで子供を失った母親の嘆きはいかばかりだったでしょうか。その母も、子どもの後を追うようにして帰らぬ人となったのです。

遺族はこの親子を憐れんで、せめて冥界での幸福を願いました。二人が水入らずの幸福な時間を送っている様子を描き、寺に奉納したのです。この絵でもそこに込められていたのは、子を思う母の強い愛情であり、死んでも変わることのない親子の絆でした。

妖怪の代表たる「産女」の伝承

子を失った母親をモチーフにした物語は、妖怪の世界にも存在しました。「産女《うぶめ》」です。難産の末に命を落とした女性が変化《へんげ》したものとされています。「姑獲鳥《うぶめ》」とも表記するこの妖怪は、赤子を抱いた姿で夜中に川辺に出没し、通り過ぎる人にその子を抱いてくれるように頼むのです。早い例としては、十二世紀に成立する説話集『今昔物語集』に、産女が登場する話が収録されています。

――武勇の誉高い源頼光が美濃国の守《かみ》だった頃の話です。その郎党たちが集まって夜咄《よばなし》に興じているときに、ある渡し場に現れる産女という妖怪が話題になりました。夜に川を渡ろうとすると女性が現れて、泣いている子供を抱かせようとするというのです。

いまそこに行ってみる勇気のある者はいるかという話になったとき、真っ先に名乗り出たのが頼光の四天王の一人、平季武《すえたけ》という武士でした。彼は支度を整えると、川を渡った証拠に対岸に矢を突き立ててくると言い残して、件の渡りへと出かけて行きました。勇敢な三人の若武者がことの成り行きを確かめるべく、こっそりと後をつけました。

渡りに着いた季武は、躊躇することなく川に踏み込み、対岸に矢を刺すと、そのままこちらに戻ろうとしました。川の半ばに差し掛かったときです、様子をみている三人の耳に、「これを抱け」という女の声が聞こえ、赤子の泣く声が響きました。川からは生臭い匂いも漂ってきました。

三人が肝を冷やしている間に、季武は「抱いてやろう」といって平然と赤子を受け取り、川を渡り続けました。する今度は女が、子供を返してくれといって追いかけてきます。季武はそれを拒否して赤子を抱いたまま川から上がり、館まで馬を走らせて、待っていた人々に連れてきた赤子を披露しようとしました。しかし、赤子を入れていたはずの袖を開けてみると、そこにあったのは数枚の木の葉でした。この産女は、狐が化けたものとも、亡くなった妊婦の霊であるともいわれています——。

江戸時代になると、日本では妖怪文化が全面開花しますが、産女は妖怪の代表としての揺るぎのない地位を獲得します。イメージが固定化し、しばしば絵画にも描かれるようになります。

産女の図（鳥山石燕『画図百鬼夜行全画集』角川ソフィア文庫）

上にあげたものは百鬼夜行図で有名な江戸時代中期の画家、鳥山石燕の絵です（写真）。

産女が絵画化されるにあたっては、いくつかの約束事がありました。一つは上半身が裸体で、子供を抱いていることです。二つ目は腰巻きを巻いていますが、多くの場合それが血で汚れています。そして三つ目は、舞台として川が選ばれていることです。難産で死亡した女性を供養するための儀式、流灌頂《ながれかんじょう》は流水で行われました。高野山奥の院にある流灌頂は有名です。産女を生み出すこの世とあの世の境界の川が、同時にその供養の場となっているのです。

親子の情愛を説く生死の物語

わたしたちはこれまで、妊婦と幼児の死をめぐるさまざまな伝承や民俗行事をみてきました。赤子や幼児に対する特別の葬法は、世界各地に存在します。日本列島ではすでに縄文時代にその痕跡をみることができます。

いまから四千五百年前の縄文時代中期まで、死者は集落の中央の広場に埋葬されました。墓地を取り巻くように円形に建物が並ぶ形態が、一般的な村落の在り方だったのです。

しかし、死者が乳児や幼児であった場合、住居の入り口や内部に埋葬されることも珍しくありませんでした。縄文人にとって死者は動かなくなった仲間であり、遠くに旅立つという感覚はありませんでした。そうしたなかでも、子供を特別な存在と捉え、身近に留め置こうとする明確な指向性をそこに読み取ることができます。

江戸時代の事例ですが、妊婦が亡くなると鎌でお腹を裂き、胎児を取り出して親と別に埋葬するという風習が広く行われていました。一見残酷な仕打ちにみえますが、母がいつまでもお腹の子に執着してより高いステージに上がれなくなることを防ぐため、と解釈されています。子もまた母体から分離することによって、早くこの世に生まれ変わることができると信じられたのです。

こうした習慣の背景には、単純に割り切ることのできないさまざまな事情があったものと推測されます。しかし、いかに奇妙に見えても、どれほど残酷に見えても、そこに通底するものは死者に対する心配りでした。どうすれば死者たちにとってプラスになるのか、死者たちが喜んでくれるのか、という生者の側の精一杯の思いやりなのです。

いつの時代も、人生は生の世界だけで完結することはありませんでした。時代や地域が変わっても、生は常に死と隣り合わせで、表裏一体の関係でした。生と死があって、初めて人生のストーリーは完結するのです。

幽霊子育飴もまた、幽明境を隔ててもなお変わることのない母の愛情と親子の絆をテーマとしたものでした。

日本に伝わる怪談を収集した作家の小泉八雲（ラフカディオ・ハーン）は、松江の大雄寺を舞台とする飴買い女の伝説を取り上げています（「飴を買う女」）。その結びの言葉にある通り、「母の愛は死よりも強」いのです。

14 江戸の町人文化として怪談劇がもてはやされいまにもなぜ続くのか

江戸のお岩さん　東京都新宿区

四谷怪談にまつわる於岩稲荷

例年になく早く梅雨が明け、猛暑が続く二〇二二年の夏ですが、暑い季節と切っても切り離せないものに怪談物があります。怪談は十九世紀に花咲いた江戸の町人文化を代表する題材でした。歌舞伎では四代目鶴屋南北の怪談劇が芝居小屋を賑わせ、落語の世界では、三遊亭圓朝が幽霊にまつわる怪談噺を数多く創作しました。

この時期は、たくさんの幽霊画が描かれたときでもありました。噺家の圓朝はその熱烈な愛好者であり、収集者でもありました。圓朝のコレクションはいま彼の墓のある谷中の全生庵《ぜんしょうあん》（臨済宗国泰寺派）に収められ、毎年、圓朝忌のある八月に一般公開されています（第1巻

第16章参照)。

江戸の怪異譚といえば「東海道四谷怪談」「番町皿屋敷」「牡丹灯籠」が三大怪談としてよく知られています。なかでももっとも有名なものは、四谷怪談とその主人公のお岩ではないでしょうか。夫の伊右衛門に裏切られ、毒を飲まされて殺害されたお岩さんの壮絶な復讐劇は、映画などのメディアで繰り返しリメイクされて、いまでも多くの人の知るところとなっています。

東京・四谷左門町の於岩稲荷田宮神社

今日は予定していた東京での仕事が早く終わったので、酔狂にも七月の炎天の下、都内に散在するお岩さんゆかりの地を探索してみることにしました。

はじめに足を運んだところが、四谷左門町にある於岩稲荷田宮神社です。

信濃町で総武線を降り、慶應大学病院を左手にみながら外苑東通りを北に向かいます。三百メートルほど歩いたところで右側の路地に入り、さらに左折して狭い住宅地の道を進むと、左手に石の鳥居が現れます。ここが目的地の於岩稲荷田宮神社です（前頁の写真）。

幽霊となったお岩さんゆかりの神社ということで、どんなディスプレイがなされているのか興味を持って鳥居をくぐりましたが、木々に囲まれ、都心とは思えないしっとりとした雰囲気に包まれていました。手水鉢は澄んだ井戸水で満たされています。社殿の縁には、一枚ごとに異なる宮司手書きの守り札が置かれています。

四谷怪談との関わりを示すものとして、道路と神社を区切る瑞垣の角柱に、寄進者として、歌舞伎座や明治座といった劇場名や歌舞伎役者の名前が刻まれています。お岩役を務めた中村歌右衛門の名もみえます。

道路を挟んだこの神社の斜向かいには「於岩稲荷霊神」の大きな旗を掲げた陽運寺（日蓮宗）があります。比較的新しい寺で、田宮家との直接の接点はないようですが、お岩さんのご利益を大々的にアピールしています。境内には「お岩様由縁の井戸」など、いわくありげなスポットが点在しており、かき氷などが食べられるカフェ風のスペースなどもあって、参拝以外にも結構楽しめる場所になっています。

信仰の場とされたお岩の墓所

於岩稲荷田宮神社の所在地は四谷左門町です。その地名は江戸時代に街の治安維持を任務とする先手組《さきてぐみ》の組頭・諏訪左門の屋敷があったことに由来するものでした。このあたりには先手組に属する同心たちが住んでいました。於岩稲荷はその同心の一人、田宮又左衛門の屋敷にあった、稲荷を祀る小さな祠に始まると伝えられています。

お岩は江戸時代の初めに実在した女性であり、件《くだん》の又左衛門の娘でした。そのお岩の婿養子として田宮家に入った人物が、彼女を死に追いやった張本人の伊右衛門だったのです。

四谷怪談のストーリーとは対照的に、神社の解説によれば、伊右衛門とお岩の夫婦仲は円満なものでした。伊右衛門の役職手当は少なく、田宮家は貧しい生活を強いられましたが、お岩はみずから奉公に出るなどして家計を支え、家の復興に尽力しました。

そうしたお岩の功績は世間の知るところとなり、彼女の没後、そのご利益にあずかるべく、田宮邸の祠に詣でる人々が出てきました。参詣者の増加に対応して、だれでも参拝できるようにしたものが、現在の於岩稲荷の原型だったのです。

四谷の於岩稲荷を後にしたわたしが、次に向かった先はお岩さんの墓です。元は神社の近くにありましたが、明治時代に移転して、いまは西巣鴨の妙行寺《みょうぎょうじ》（法華宗陣門流）にあります。

信濃町から再び総武線を使い、水道橋で下車して都営三田線に乗り換えます。西巣鴨で降りて都電荒川線を横切り、その先を左折して線路に沿った横道に入ります。

この道は通称が「お岩通り」で、商店街になっています。人影はほとんどありません。途中から左に折れて、再び荒川線の線路を越えたところが妙行寺です。

東京・西巣鴨の妙行寺のお岩さんの墓

門を入ると大きなうなぎ供養塔が建っています。案内板に従って境内の墓地に入り、一番奥まったところまで進むと、赤い鳥居の先に、五重の石塔の形をしたお岩の墓があります（写真）。

その前で、何事かを熱心に祈願している若い女性の姿がありました。墓前に手向けられた真新しい花が、この地がいまも生きた信仰の場であることを物語っています。

先ほど左門町の於岩稲荷田宮神社をご紹介しましたが、実は東京には同じ名称の神社がもう一つ存在します。それが中央区新川の於岩稲荷田宮神社です。ここが今日の最後の訪問地となります。

三田線を使って大手町経由で東京駅に戻ったわたしは、長い通路を抜けて京葉線ホームに向かいました。新川の於岩稲荷は、京葉線の「八丁堀駅」から亀島川に架かった高橋を渡り、歩いて数分の距離にあります。ビルや家々に囲まれて、一見すると普通の宅地のようです。

綺麗に整備された境内は、木立と苔に覆われています。二つの石の鳥居を抜けると、狐の姿をした狛犬に守られた小ぶりな社殿があります。隣には立派な百度石が立っています。

一八七九（明治十二）年、周辺一帯を巻き込む大火によって、左門町の於岩稲荷が焼失します。この時代には「東海道四谷怪談」は歌舞伎の定番と化していて、それを演ずる役者や劇場関係者がこの神社に参拝することが恒例となっていました。

神社がなくなって困っていた人々に救いの手を差し伸べたのが、お岩役を得意としていた初代市川左團次です。彼は芝居小屋に近いこの土地を神社に寄進するとともに、於岩稲荷の移転と再建に力を尽くすのです。

先に触れた百度石には、「大阪浪花座興行記念　四代目市川右団次」という文字が刻まれています。市川右団次がお岩役による上演を記念して奉納したものです。ここにも、歌舞伎界とこの神社との並々ならぬ関係をみてとることができます。

ちなみに、現在の四谷の於岩稲荷は、一九五二（昭和二十七）年に新川から四谷の故地に戻ったものです。その後、新川の方にも神社が残ったため、現在のように二つの同名の神社が共存することになったのです。

四谷怪談は何を訴えているか

これまでわたしは、於岩稲荷田宮神社と歌舞伎界の深いつながりについて触れてきました。二〇二一年は、三十八年ぶりでお岩役を演じることになった坂東玉三郎が、興行成功と安全祈願のために於岩稲荷と妙行寺を訪れたことがニュースになっています。ここで改めて、鶴屋南北作『東海道四谷怪談』のストーリーを確認しておくことにしましょう。

作品は一八二五（文政八）年に初めて上演されました。時代は十四世紀、南北朝時代の出来事として設定されています。

主要な人物はお岩とその夫の伊右衛門ですが、他に岩の父の四谷左門、岩の妹の袖、袖の夫の与茂七、薬売りの直助、下男の小仏小平、按摩の宅悦などの多彩な人々が登場します。岩の死後、伊右衛門と再婚する梅と祖父の伊藤喜兵衛も欠かすことはできません。

劇では、伊右衛門は公金を横領し、岩の父である左門を平然と殺害するような極悪人として描かれています。彼の不行状が原因で、いったんは実家に帰った岩ですが、伊右衛門とよりを戻し、一子を儲けるに至ります。しかし、産後に体調を崩してしまったことなどから、伊右衛門は岩を遠ざけるようになります。

この隙につけ込んだのが、高師直《こうのもろなお》に仕える隣家の伊藤喜兵衛とその孫の梅です。梅が伊右衛門に恋心を抱いていることを知った喜兵衛は、伊右衛門を婿に迎えるべくさまざまな画策を試みます。喜兵衛が送った毒薬で面相が変わり、伊右衛門の心変わりを知って、岩は絶望のなかで命を落とします。

三代歌川豊国の錦絵「東海道四谷怪談」により幽霊となったお岩の登場（『別冊太陽　幽霊の正体』1997年）

伊右衛門は追い打ちをかけるように、岩に小仏小平との不義密通の罪をなすりつけ、二人の死体を戸板の裏表に括り付けて、川に流します。殺された岩はほどなく幽霊となって復活し、伊右衛門にまとわりつきます。伊右衛門は梅との婚礼の場で岩の幽霊を目撃し、錯乱して梅と喜兵衛を殺害します。最後は伊右衛門自身が、岩の妹・袖の夫である与茂七の手によって討たれてしまうのです。

歌舞伎が人気を博するようになるにつれて、舞台にはさまざまな仕掛けが凝らされるようになります。四谷怪談でも、お岩が伊右衛門の前に初めて幽霊としての姿をみせる、隠亡堀《おんぼうぼり》の有名な「戸板返し」のシーンでは、一人の役者がお岩と小平の二役をこなす早変わりが見せ場になっています。お岩が提灯から出現する「提灯抜け」でも、巧妙な仕掛けが作られています。

有名な歌舞伎役者の演じる名シーンは木版画による錦絵として再現され、広く市井に流布していくのです（前頁の写真）。

残虐な幽霊譚が流行したわけ

亡くなったはずの人間が元の姿をとって出現する幽霊は、古今東西を問わず広く語られてきた現象でした。日本でも古代から現代に至るまで、無数の幽霊譚があります。

そうしたなかで、江戸の幽霊文化の特色は、恐怖と残虐さにあります。四谷怪談のお岩や皿屋敷のお菊の場合のように、いったん幽霊に狙われた人物は、いかにしても復讐の魔の手から逃れることはできません。その報復は関係者が皆死に絶えるまで止むことはないのです。江戸の幽霊たちは、なぜこのような恐ろしい性格を刻み込まれることになったのでしょうか。

長い戦乱の世を経て天下統一を成し遂げた徳川政権のもとで、人々がようやく落ち着いた暮らしを享受できるようになったのが江戸時代でした。その体制を支えた二つの柱が身分制と家制度でした。武士を頂点とする身分間の差別が厳重に定められ、それを逸脱する行為は厳しく禁じられました。先祖から子孫へと継承される家が、そうした体制の土台となったのです。

近世に確立する家制度は、安定した生活をもたらす一方、特に女性にとって重い制約となりました。主婦となった女性たちの立ち居振る舞いは厳格に規制され、ときには夫が外に作る愛妾との激しい葛藤を抱え込むことになったのです。

幕末維新の変革を目前に控えた十九世紀は、従来の身分制と家制度をめぐる矛盾と葛藤がピークに達したときでした。身分差別に対する庶民の反発は強まり、既存の体制に寄生する豪商を標的とした一揆や打ちこわしが頻発しました。人はすべて平等な神であるという金光教などの民衆宗教の言説が、人々の心を捉えていくのです。

江戸の怪談の舞台となったのは、多くは武士や豪商の家でした。妻の座をめぐる争いが好んで取り上げられました。江戸の庶民たちは、虐げられた女性が酷い仕打ちを加えた夫や主人に仮借ない復讐を果たし、傲慢な役人や裕福な商人が次々と命を奪われていくシーンに熱狂しました。そうすることによって、しばしの間現実の生活の憂さを忘れ、心に溜め込まれた鬱憤を発散していったのです。

残虐な幽霊譚の流行は、一見平穏に見える江戸末期の社会が、実は強烈なストレスを抱え込んでいたことを示す現象でした。幕末維新期の激動の予兆が、そこにすでに現れていたのです。

加えて江戸時代は、中世にみられたような絶対的な救済者が姿を消した時代でした。怪談の結末は当事者の救済ではなく、復讐の完結でした。世俗化の進んだ江戸期の社会の実態が、そのまま死後の世界にも投影されていたのです。

幽霊はこれからどうなるのか

わたしたちは、二〇一一年三月十一日に東日本大震災を経験しました。この災害によって、二万名に及ぶ死者と行方不明者が生じました。被災地ではその後、多数の幽霊の目撃証言が語られています。

被災地の幽霊たちの特色を一言で表現すれば、「静かに彷徨《さまよ》う者たち」ということができるのではないかと思います。江戸時代の幽霊のような凶暴性は皆無です。

石巻周辺では、幽霊を乗せたというタクシーの運転手の証言が複数あります。また幽霊を乗せますかという質問に、運転手さんは、当然そうすると答えています（金菱清『呼び覚まされる霊性の震災学　3・11生と死のはざまで』新曜社、二〇一六年）。この会話からは幽霊が身に帯びる不気味さがまったく感じられません。

津波に飲み込まれて、人々は何が起こっているかもわからないうちに意識を失っていきました。そうした人たちが、自分が死んだことすらわからずに、恨みを晴らす相手もないまま、命を落とした現場を彷徨い続けているのです。

江戸時代には、幽霊として迷い出ることを防ぐための最善の方法は、立派なお墓を建てて、供養を継続することでした。単身の高齢者が増え、供養してくれる家の跡取りが消えつつある日本列島で、わたしたちは今後、死者とどのような関係を築いていけばいいのでしょうか。幽霊は、これからどう変わっていくのでしょうか……。

二万歩に及んだ真夏の短い旅の仕上げに、わたしは古い友人と東京駅で待ち合わせて、しばし歓談の時間をもちました。そこで口にしたビールの味は、これまで飲んだどんなものよりも美味しく感じられました。これもお岩さんのくれたご利益と感謝しながら、この喉越しを体感できる、いま生きていることの幸せをしみじみ噛み締めました。

15

火葬骨を胸に抱き長い道を高野山へと目指した人々の姿に思いを馳せて

慈尊院　和歌山県伊都郡九度山町

難波から九度山慈尊院への道

大阪・難波駅を出た南海高野線の急行列車は、木々の葉が色づき始めた晩秋の紀伊半島を、南に向かって走り続けました。一つ駅を過ぎるごとに乗客の数は減り、乗降客のいないドアから風につられて入った黄色い枯葉が一枚、所在なさそうに床に身を横たえています。

橋本で乗り換えた各駅停車の電車は、極楽橋駅行きです。二十キロ余りの距離で標高差四百四十三メートルを登るこの区間は、途中からきついカーブが連続する急勾配の山岳鉄道となります。極楽橋は高野線の終着駅で、そこからケーブルカーで山上の高野山駅まで登り、バスに乗り換えて高野の町に入るのが、現在の一般的な高野山の参詣コースです。しかし、この日、わたしが降りたのは、途中の九度山《くどやま》でした。

紀ノ川沿いに位置する和歌山県九度山は、有吉佐和子の小説『紀ノ川』（一九五九年）の舞台となった町です。この町の素封家に生を受けた、明治から昭和にかけての三代の女性の生涯を描いた『紀ノ川』は、多くの愛読者をえて彼女の代表作となりました。一九六六年には司葉子・岩下志麻ら豪勢な出演者によって映画化され、九度山町でもロケが行われました。

薄曇りの陽射しのなかを、目的地である慈尊院（高野山真言宗）を目指しました。九度山の駅から慈尊院までは歩いて二十分ほどの距離です。道の両側にはたくさんの柿の木があります。紅葉した葉の間に、赤く熟した果実がみえます。黄色い実をつけたみかんの木もあります。渋色に染まる秋景色のなかで、みかんの葉の緑が鮮やかに浮き立っています。

道の駅「柿の郷くどやま」を過ぎたあたりから、紀ノ川がみえてきます。川向こうには、緩やかに起伏を繰り返す低い山並みのシルエットが浮かんでいます。陽の光を浴びてきらめく水面を眺めながら歩いていると、やがて左手に慈尊院への分岐を示す案内板が現れます。

折れた道の両側には、かつては門前町を形成していたと思しき落ち着いた佇まいの家が並び、道の先の正面には古びた土塀越しに慈尊院の伽藍群が頭をのぞかせています。突き当たりの階段を登り、山門をくぐれば、その先は慈尊院の境内です。

神との邂逅による高野山開山

高野山金剛峯寺といえば、だれもが一度はその名を耳にしたことのある著名な霊場です。千二百年前に、弘法大師空海によって開かれました。一・五キロにわたって巨木の杉並木と無数の石塔群が建ち並ぶ奥の院にはいまもなお弘法大師がその生身を留め（入定）、瞑想を続けていると伝えられています。生きた人間に対するものとまったく同じ食事が、現在も日々供養の膳として供えられています。

その膝下に位置する慈尊院もまた、高野山に劣らない長い歴史をもつ寺院です。現在、高野山へ参詣する人々が多く用いるルートは、南海高野線を利用するものです。しかし、それは鉄道が開通して以降のことであり、前近代にまで遡ることはできません。それ以前は徒歩での参詣であり、「高野七口」といわれる七つの登山ルートがありました。

江戸時代に賑わったのは大阪からの京大阪道で、途中には多くの旅籠や茶店が設けられました。そうしたなかでも、九世紀初めの高野山開山以来、一貫して表のルートとされていたのは慈尊院からの町石道《ちょういしみち》でした。

八一六（弘仁七）年、嵯峨天皇から高野の地を賜った空海は、紀ノ川に沿った九度山の地に慈尊院の前身となる寺院を建立し、高野山の運営全般を司る政所を設けました。冬季は山中の寒さが厳しかったため、僧や関係者は山麓のこの地で冬を過ごしたのです。

空海は守護神として、狩場明神《かりばみょうじん》とその母である丹生都比売大神《にうつひめのおおかみ》を勧請し、近隣に丹生高野明神社（神通寺）を建立しました。伝説によれば、若き日の空海が行場に相応しい霊地を求めて紀伊半島を渉猟していたとき、その前に二匹の犬を連れた狩人が現れます。この狩人こそは狩場明神（高野明神）にほかならず、空海は犬に導かれて高野の地に辿り着きます。

そこで空海は、地主神《じぬしがみ》（その地を所有する神）である丹生明神から高野の地を譲られます。神の出現は修行が成就した証であり、徳の高い行者が山中で地主神と遭遇する話は古代の史料にしばしば現れます。神との邂逅は、空海の境地の高さを証明する出来事でした。空海が丹生高野明神社を創建した背景には、このよ

慈尊院から高野山の入り口大門までの
22キロの参詣道に建つ180基の町石

うなエピソードがあったのです。

高野山の玄関口であった慈尊院から高野山の入り口にあたる大門まで、二十二キロに及ぶ参詣道が続いています。空海は登山者の目印とするため、一町（百九メートル）ごとに卒塔婆を置いたと伝えられています。この卒塔婆はもとは木製でしたが、参詣者が増える鎌倉時代以降、石を素材とするものに置き換えられていきました。現在わたしたちが目にする町石です（前頁の写真）。

高野山の町石は頭部が五輪塔の形をした石柱で、高さは三メートルを超えます。町石は高野の中心をなす根本大塔を起点として、慈尊院まで百八十基が建てられています。逆方向にも、奥の院の弘法大師廟まで三十六基の町石があります。

慈尊院の境内には最終地点にあたる百八十番目の町石が現存しています。ここから大門に至るルートはよく整備されていて、近年多くの人が散策を楽しむようになりました。全行程を歩き通すと六、七時間かかるといわれます。

慈尊院が女人高野とされた縁

慈尊院は「女人高野」ともよばれています。古くから女人結縁の寺（女性に救済をもたらすスポット）とされてきました。その名称の由来には、空海の母親が深く関わっています。

空海の出生の地は讃岐国多度郡（香川県善通寺市）です。その地に住んで高齢になった母親の玉依御前《たまよりごぜん》は、最後に一目でも空海に会いたいと高野山に向かいます。しかし、高野山はすでに女人禁制になっていたため、山内に立ち入ることができません。そこでやむなく結界の外側に位置する慈尊院に滞在し、本尊の弥勒仏を信仰する日々を送るのです。

空海も母の思いに感じてたびたび山を下って面会に訪れました。その数は月に九回にも及びました。このエピソードが地名の九度山の由来であると伝えられています。

玉依御前は八三五（承和二）年に死去します。後になって、彼女が本尊に化身したという噂が広がり、人々の信仰を集めるようになります。空海の母ゆかりの寺であることに加え、高野山に入れない女性たちが代わって参詣するようになり、「女人高野」という呼び名が定着するのです。

慈尊院の由来となっている「慈尊」とは弥勒菩薩のことです。その名の通り、慈尊院の本尊は弥勒菩薩です。この菩薩は釈迦の次に成仏を約束された未来仏であり、そのため弥勒仏と呼ばれることもあります。五十六億七千万年後にこの世に出現して人々を救うべく、兜率天《とそつてん》で修行を重ねていると信じられていました。

その弥勒仏を木彫によって表現した本尊は国宝に指定されています。長い間秘仏とされてきたため、どのようなお姿をしているかはわからないままでした。専門家による学術調査が実施されたのは一九六二（昭和三十七）年のことです。

その結果、本尊は如来形をした像高九十一センチの坐像であることがわかりました。また、堂々たる体躯と神秘的な面相、打ち寄せる波を思わせる翻波式衣文《ほんぱしきえもん》など、平安時代初期彫刻の特色を備えた像であることも明らかになりました。

後補の裳先の部分には、「寛平四年」（八九二年）の墨書が残されています。最初に制作されたときに記された文字を、補修の際に新しい部材に書き写したものと考えられています。これらのことから、九世紀に遡る、美術史的にみても秀逸な作品という評価がなされています。残念なことに開扉は二十一年に一度と決められており、気軽にお姿を拝見することは叶いません。

乳房型絵馬と高野山案内犬と

慈尊院には色鮮やかな多宝塔・古い土塀・江戸時代の五輪塔など数々の見所がありますが、境内の中心に位置するのは本尊の弥勒菩薩を安置する弥勒堂です。なだらかな傾斜の屋根をもつ平安時代の風情を漂わせる建物で、国の重要文化財に指定されています。

本堂の前に立つと、不思議な形をした絵馬が数多く奉納されている光景を目にすることができます。「乳房型絵馬」です（写真）。木の板に、乳房を模した一対の白い袋が貼り付けられています。

慈尊院に奉納される夥しい数の乳房型絵馬

大型のものは、布製の袋に米を入れて乳房の形に整えた手作りの作品で、「奉納　祈安産成就　南無弥勒慈尊」という文字が記されています。小型の絵馬は寺で販売されており、願いごとを書いて奉納するものです。本堂前の絵馬掛け台には、これらの絵馬がぎっしりと掛けられています。

乳房型絵馬は安産だけでなく、子宝を授かることを願っても奉納されるものです。乳がんなど、女性特有の病気予防と平癒にもご利益があるとされています。この絵馬の起源は定かではありませんが、多くの絵馬が奉納されるようになったのは、小説『紀ノ川』の発表以降のことといわれています。

特に小説が映画化されて、主人公の花（司葉子）が祖母とともに絵馬を納めるシーンが放映されると、全国から参詣者が訪れ、たくさんの絵馬が奉納されるようになりました。絵馬は本堂前の台だけでなく、寺内のここかしこに掛けられています。いまも多くの参詣者が足を運んでいる様子を窺えます。

お遍路を高野山へ導いたゴンの顕彰碑

弥勒堂を過ぎた境内の奥まった場所に、弘法大師の立像がありますが、その隣に控えているのが有名な「案内犬」のゴンです（写真）。ゴンは紀州犬と柴犬の雑種で、飼い主のいない野良犬でしたが、いつからか慈尊院をねぐらとするようになりました。このゴンが、昭和から平成に移ったあたりの時期を起点として、慈尊院から高野山まで歩いて参詣する人の道案内を務めるようになるのです。

ゴンは朝、お遍路さんとともに慈尊院を発つことを日課としていました。その後、町石道を歩き通して山上の大門まで案内し、夜慈尊院に戻るという生活を繰り返していたのです。ゴンの道案内は一九九二（平成四）年ごろまで続きました。その後体力の衰えもあってガイドの仕事からは引退しましたが、元気で長生きし、二〇〇二（平成十四）年に老衰で亡くなりました。

高野山を案内する犬といったとき、大方の人が思い浮かべるのは、空海を先導したという狩場明神の連れていた犬ではないでしょうか。先に述べたように、空海は犬の導きによって高野山に辿り着くことができました。そのためいつしかゴンも、弘法大師の案内犬の生まれ変わりといわれるようになり、「お大師さんの犬」として広く知られるようになったのです。

いま慈尊院では「高野山案内犬ゴンちゃん」という文字とイラストの入った、ペット用のお守りをいただくことができます。二〇〇三年にはゴンをめぐるエピソードを童話風に仕立てた『高野山の案内犬ゴン』（関朝之著・木内達朗イラスト、ハート出版）が出版されました。わたしが訪れたときも団体の参拝者の皆さんが、お寺の方からゴンにまつわる話を熱心に聞いていた様子が印象的でした。

死者の山になぜ人は参るのか

今回の慈尊院訪問では、町石道全コースを踏破するつもりで下調べをしました。残念なことに、前年六月の豪雨の影響で道が損壊し、あちこちで通行止めになっていました。ただ、慈尊院からの道はしばらく先まで大丈夫そうなので、一・五キロほどの場所にある展望台まで行ってみることにしました。

山門から先に進むと境内の突き当たりに、高い石段が立ち塞がるようにそびえています。その石段を登り切ったところが丹生官省符神社《にうかんしょうぶじんじゃ》の広い境内です。空海が慈尊院を建立したとき、守護神として勧請した丹生高野明神に由来する古社です。町石道はこの境内を右に抜けて、いったん下の車道に降ります。その先から、本格的な登りが始まります。

町石道は林や畑のなかの道で、時折一般道と交差しながら上に向かって伸びていきます。広くはありませんが、舗装された歩きやすい道です。一町ごとにきちんと町石が立っていることに感銘を受けながら、落ち葉を踏んで歩き続けると、百六十八町石あたりから右手に視界が開けます。百六十五町石付近で見晴台への分岐があり、少し登ったところが東屋とベンチが設けられた展望台です。慈尊院から三十分ほどの登りでした。

展望台からは、曲がりくねった紀ノ川を眼下に一望できます。川の流れる先に、橋本の市街が見えます。紀伊山地の連山が雪をいただいています。これまでどれほど多くの遍路の旅人が、ここからの絶景を目にしたことでしょうか。

この世の祈りが中心となっている現代の高野参詣ですが、時代を中世まで遡ったとき、高野山は死者の山でした（第1巻 第4章参照）。平家打倒を企てて鬼界ヶ島で亡くなった俊寛の遺骨は、従者の有王《ありおう》によって高野山に運ばれました。南都焼き討ちの咎で斬首された平重衡の骨もまた、高野山に納められました。

ある時期から、高野山は死者を浄土に送り出す機能をもったスポットと信じられるようになるのです。鎌倉時代の絵巻物『天狗草紙』には、弘法大師が眠る奥の院参道の両側に、納骨の塔婆が隙間なく立っている様子が描かれています。

かつて火葬骨を胸に抱いたたくさんの人々が、この町石道を歩きました。参詣の道程は生と死が交錯する時間であり、空間でした。人は故人と共有した人生を振り返り、遺骨と対話を重ねながら、ともに高野山とその先にある美しい世界を目指したのです。

展望台から地上を見下ろした参詣者たちは、自分が遠い浄土を目指して飛び立とうとする瞬間にみる光景を、この景色のなかに幻視していたのかもしれません。

第4部

これからも「成仏」はなくならない

16

草木供養塔を前にして思う　コロナウイルスは成仏できるのかと…

草木供養塔　日本各地

東北の地に建てられた山の寺

いままでもなんどか触れましたが、わたしが幼少期を過ごしたのは宮城県の最南部に位置する丸森という小さな田舎町でした。阿武隈川に沿った町の中心部の家並みを抜けて南に向かうと、水田地帯が途切れて山林の風景に変わり、阿武隈川の支流・内川がつくり出す渓谷が現れます。丸森町を代表する観光名所である不動尊公園は、この渓谷内にあります。

不動尊公園では屹立する巨岩の間を縫うようにして内川の清流が流れ、いたるところに滝や淵をつくり出しています。絶好の水遊びのスポットとして、夏には多くの家族連れや若者で賑わいます。公園内ではキャンプやバーベキューを楽しむことも可能で、周辺にはレストランや国民宿舎もあります。

公園に隣接し不動尊公園の名称の由来となった駒場瀧不動尊愛敬院《あいきょういん》（本山修験宗）があり、江戸後期に建てられた仁王門では二体の赤い金剛力士が境内を守護しています（写真）。公園から渓流沿いに一時間ほど遊歩道を歩くと、高さ十二メートルの清滝に辿り着きます。ここにも不動尊が祀られており、古くから修験者の行場であったと伝えられています。

宮城・駒場瀧不動尊愛敬院の仁王門

伝承によれば、この辺りを聖地として定めたのは九世紀の僧、慈覚大師円仁でした。円仁開創と伝えられる寺は立石寺や恐山など、東北に数多く存在します。そのため単なる後世の伝説とみる向きもあるのですが、清滝を見下ろす標高五百十五メートルの堂平山《どうへいざん》の山頂付近からは、平安時代中期に遡る礎石や瓦がみつかっています。かつてこの地に、かなりの規模の山岳寺院があったことはまちがいありません。

同じ宮城県の仙台市泉区根白石の堂庭山《どうにわやま》では、やはり頂上に近い部分で平安時代中期の寺院の跡が確認されています。

国見山廃寺（岩手県北上市）が山の寺としての寺容を整えるのも、ほぼ同じ時期でした。東北地方では十世紀ごろから集中的に山の寺が建立されていくのです。

不動尊と堂平山一帯もまた、そうした動きのなかで、霊地としての整備が進められていったものと推測されるのです。

世界で唯一と思われる供養塔

駒場瀧不動尊愛敬院には、江戸時代から近代にかけて建てられた数多くの石碑があります。数年前のことです。境内を散策していたわたしの目に、大理石で作られた比較的新しい石碑が止まりました。それまでなぜか見過ごしていたものですが、目を凝らすと「草木塔」という字が刻まれているのが分かりました（次頁の写真）。その後ろには、この塔の建立の由来を墨で記した案内板が立てられています。長く雨風にさらされていたため、全体的に字が薄れてしまっています。それでも、わたしたちの命と暮らしを支えてくれる草木に感謝するために建てた、という趣旨は読み取ることができました。

この石碑は「草木塔」あるいは「草木供養塔」とよばれるジャンルに属するものであり、東北地方に数多く見ることができます。最も密度が高いのは山形県、なかでも米沢市を中心とする置賜《おきたま》地域で、そこが草木供養塔発祥の地と考えられています。現在知られている最古の塔は、米沢市の田沢地区にある一七八〇（安永九）年のものです。

草木供養塔は不動尊公園の解説板にも書かれている通り、山で仕事をする人々が、切り倒した草木に感謝し、その霊を慰めるために建てたものでした。こうしたタイプの供養碑は、日本以外の地ではほとんど見ることができません。

愛敬院の境内にある草木塔

考えてみれば、日本には草木供養塔以外にも、「鰻塚」「虫塚」「実験動物慰霊碑」など、人以外の生物を慰霊するためのたくさんのモニュメントがあります。長く働いてくれた針に感謝する「針供養」なども、同様の発想にもとづくものといえるでしょう。しかし、わたしたちがあたりまえのこととして受け入れていることうした風習も、世界を見渡したとき、決してどこでもあるものではないのです。

なぜ日本に限ってこうした現象が顕著に見られるのでしょうか。

草木供養塔には、しばしば「草木国土悉皆成仏」という言葉が刻まれています。人間だけでなく、あらゆる存在に成仏の可能性を認めるこの表現は、平安時代の仏教者、安然の著作に初めて現れるものです（末木文美士『草木成仏の思想』サンガ、二〇一五年）。室町時代に入ると、能の台詞などで頻繁にもちいられるようになります。

草木供養塔の背景には、草木はもちろん、命をもたないと考えられている石ころの一つひとつにまで霊魂の内在を認める思想があったのです。

日本発のアニミズムへの共感

万物に霊の実在を見出すこうした発想は、しばしば「アニミズム」と表現され、日本文化を特色づけるものとして強調されてきました。その現代的な意義を強調したのが、京都の国際日本文化研究センター所長を務めた梅原猛氏でした。

梅原氏がこのテーマをめぐって論陣を張っていた一九八〇年から九〇年代の時期は、宗教学の世界では、まだ万物に霊を見出すアニミズムは宗教の最も原始的な形態と考えられていました。そのため神道は、一神教であるキリスト教やイスラム教などの高等宗教に較べたとき、進化から取り残された古い信仰の形とみなされていたのです。

そうした宗教学の常識に強く反発したのが梅原氏でした。彼が着目したものが、人間と人間以外の存在に差を設けないアニミズムの特性でした。それを端的に示すものが、この草木国土悉皆成仏の思想だったのです。

梅原氏は人間以外の動物や植物、果ては岩石などの無機物にまで内在する精霊を見出そうとするアニミズムが、人間と自然との共生を促す思想であると主張します。それは人と人以外のものとの間に明確な差別を設け、自然を人間による利用の対象としかみない西洋文明とは明らかな一線を画するものでした。梅原氏は日本発のアニミズムが、近代化に伴う自然破壊に歯止めをかけ、この地球上に秩序ある万物の共存を実現する「新しい人類の原理」であるとまで断言するのです（梅原猛「アニミズム再考」『日本研究：国際日本文化研究センター紀要』1、一九八九年）。

わたしは、縄文時代以来一貫する日本文化の特質を、アニミズムという言葉で総括しようとする梅原氏の見方に全面的に同意することはできません。なぜなら、日本列島における人と自然との関係は時代によって大きく変化しており、草木が人間と同じように霊を内在するという思想が広く共有されるようになるのは、室町時代以降の現象と考えているからです。ただし、万物に等しく霊性を見出そうとする思想が、現代において展開させるだけの意義をもっているという主張には共感を覚えます。

いま実際に、草木塔の思想に光があてられるという現象が生じています。たとえば山形大学では、大学運営の基本理念として「自然と人間の共生」を掲げ、キャンパス内に草木塔を建立するとともに、その理念を実現するため〈やまがた草木塔ネットワーク〉を立ち上げています。共生の精神を生かして、自然を大切にした大震災の復興と地域づくりを行うことを目標として掲げています。

海が人類の生存にとってかけがえのないものという認識にもとづいて、その浄化を試みる運動も盛んになっています。東北の三陸地域では、海の再生には健全な森の育成が不可欠であるとして、造林事業が行われています。気仙沼湾の牡蠣養殖業者が始めた「牡蠣の森を慕う会」は、古くから聖なる山として崇められてきた北上山地の室根山で、落葉広葉樹の植樹を進めています。

この地球を守るために、人間のもつ特権意識をいったん捨て去る必要があることが、共通認識として社会に定着し始めているのです。

かつてウイルスは「神」だった

わたしはこれまで、生物のみならず無生物にまで霊の内在と成仏の可能性を見出すアニミズムの思想が、日本列島において大きな影響力をもってきたことを述べました。それを踏まえて一つ考えてみたいことがあります。それはいま世界中を混乱の渦に巻き込んでいるコロナウイルスをどう捉えるべきかという問題です。

「草木国土悉皆成仏」の立場からすれば、ウイルスも当然のことながら霊を内に秘めた存在ということになります。成仏の可能性が認められていいはずです。実際にそう考えるべきなのでしょうか。ウイルスが「成仏」できるとすれば、それはこの現代社会でどのような意味をもっているのでしょうか。

『融通念仏縁起』（中央公論社）に描く疫神の群れ

　前近代の日本では、流行病をもたらすウイルスや菌は「疫神」「疫病神」と表現されてきました。この言葉自体は現在でも使われているものですが、興味深い点は、人間に病気や死などの不利益をもたらすものに対して、「神」という形容が用いられていることです。

　上に掲げた絵は鎌倉時代の『融通念仏縁起』に描かれた疫神の群れです（写真）。疫学の知識がなかった前近代では、感染症は遊行《ゆぎょう》する疫病神がもたらすものと信じられてきました。邪悪な作用を本務とする疫病神は、可視化されるにあたって、このようなグロテスクな容姿で描写されることになったのです。

しかし、重要なのは、いかに忌み嫌われようとも、疫病神はどこまでも「神」だったことです。そのため、流行病を防ぐための対策は、疫病神を敵とみなして叩き潰すのではなく、手厚くもてなして、満足してお帰りいただくという方法がとられることになりました。疫病を防ぐために道饗《みちあえ》の祭、四角四境祭、やすらい花などの祭祀が行われましたが、その趣旨はいずれも疫病神を尊んで祭り上げ、静かにお引き取りいただくことにありました。

ときに、より強力な善神の力を借りて、疫神を退散させるという方法が用いられることはありましたが、基本的に、力ずくで退治するという手段は論外でした。疫病神は敬意を払うべき存在ではあっても、人が正面から立ち向かうような相手ではなかったのです。人の健康に有害なウイルスや菌を人類の敵とみなし、その根絶を目論むようになるのは、近代になってからの現象だったのです。

この変化の背後に感染症に対するどのような認識の変化があったのでしょうか。

人類への警告のサインとして

現代の日本に住むわたしたちは、よほど運が悪くない限り、平均寿命前後の歳まで生きることを当然と考えています。しかし、こうした認識は戦後になって初めて定着したものでした。少し時代を遡れば、人は明日の命も分からない無常の人生を過ごしていました。生まれ落ちた瞬間から、櫛の歯が欠けるようにこの世から人が消えていく時代が、長く続いてきたのです。

人が生命を失う最大の原因が飢饉でした。東日本では飢饉は冷害から始まりました。十八世紀後半の天明の大飢饉のときには、これに浅間山の噴火が加わりました。寒波と空を覆う噴煙の影響が重なって記録的な冷夏となり、作物の収穫は激減しました。

人はただ生存するために、あらゆる努力を傾けました。口にできるものは、野草から樹木の皮まですべて食べ尽くしました。馬や牛などの家畜はもちろん、犬猫までが食料となりました。人肉に手を出した人々もいました。

その一方で、口減らしのために、弱者の淘汰が行われました。「間引き」と呼ばれる赤子殺しや人身売買が行われました。この列島に、かつて命の選別が日常的に行われるような時代があったのです。

健康な体であれば心配する必要のない感染症も、抵抗力を失った身体では防ぐことは不可能でした。飢饉に襲われた地域では、必ずといってよいほど疫病の流行が伴いました。人々は、そうした病をもたらし命を奪うものたちを、「神」と規定するのです。

なぜ神でなければならなかったのでしょうか。前近代の社会では、人生はこの世だけで完結することはありませんでした。生と死の世界はつながっていました。いつ死ぬか分からないような不安定な時代であるからこそ、死後の命運はきわめて重要でした。その二つの世界を媒介する役割を担っていたのが、人間を超えた存在＝神だったのです。

人は、疫病で命を落とすことを単なる偶然や、たまたまの不運と捉えるのではなく、神の意思と考えることで、その死の必然性を受け入れようとしたのです。繰り返される生と死の循環のなかで、神を介在させることによって、次生でのあり方が少しでもよい方向に向かうことを願ったのです。

こうした発想は、感染症に対する科学的な知見が共有される現代社会では、もはや受け入れられることはありません。コロナウイルスは闘って撲滅する対象ではあっても、敬意を払おうとする人はだれもいないでしょう。

しかし、一歩退いて考えてみてください。わたしたち人間はコロナウイルスを非難できるような立派な存在なのでしょうか。いま人間の生活が環境に与えた影響によって、世界各地で異常気象が相次いでいます。東日本大震災による福島第一原子力発電所の事故は、人類がみずからを滅ぼすだけの力を身につけたことをまざまざと見せつけるものでした。

人間はといえば、こうした地球規模の危機に力を合わせて対応するどころか、人種・宗教・国籍を口実にした対立はますますエスカレートしています。

わたし自身を振り返ってみても、地球に負荷をかけることが分かっていながら、いまの便利で快適な生活を手放すことはできません。この地球にとってもっとも危険な存在は、実は人類そのものなのかもしれません。

ときに命を奪われるケースがあっても、人はウイルスや菌なくして、いっときも生きながらえることはできません。コロナウイルスの蔓延は、特権的な地位にあぐらをかき、地球そのものを滅亡の危機に晒している人類に対する、共棲者からのきびしい警告のサインなのではないでしょうか。

わたしたちはウイルスを仇敵としてのみ捉えるのではなく、ときにはそれが発するメッセージに謙虚に耳を傾けてみることも必要だと思います。それが流行病を神の仕業とみなし、万物に聖なる命を見出そうとした、過去の人々の知恵に学ぼうとする姿勢であるように思われるのです。

17 犬や猫を祭神とする信仰にみえる人間集団に必要な「神」とはなにか

犬の宮と猫の宮　山形県東置賜郡高畠町

置賜盆地に広がる豊かな風景

前章で、草木供養塔発祥の地としてご紹介した置賜《おきたま》盆地は、米沢市を中心とする山形県南端の地域です。周囲には朝日連峰、吾妻連峰、奥羽山脈の山々が屏風のように連なり、その山懐には白布《しらぶ》温泉、大平《おおだいら》温泉、姥湯《うばゆ》といった野趣溢れた風情ある名湯が散在しています。

一八七八（明治十一）年七月、イギリス人の著名な女性旅行者イザベラ・バードが、この地を訪れました。越後（新潟県）から十三峠とよばれる難所を抜け、苦心の末に置賜盆地に足を踏み入れたバードは、眼前に広がる「どこを見渡しても豊かで美しい農村」の風景に目を奪われ、この地を「エデンの園」に喩えて、「アジアの桃源郷」と称するなど、最大限の賛辞を惜しまないのです。バードは単に置賜の自然の風景を愛でただけではありません。

繁栄し、自立し、その豊かな大地のすべては、それを耕す人々に属し、圧制から解き放たれている。これは、専制政治下にあるアジアの中では注目に値する光景だ

（イザベラ・バード『日本奥地紀行』）

世界中を旅したバードは、豊穣な田園の背後に、それを生み出した民衆の弛《ゆる》みない自発的な努力があったことを正確に見抜いていたのです。

今回、皆様をご案内したいのは、この盆地の北東部に位置する高畠という町です。高畠は東に聳える奥羽山脈からの流水が作り出した扇状地の上にあります。

高畠という地名を聞くと、多くの人々が思い浮かべるのはワインではないでしょうか。東北では近年次々とワイナリーが誕生していますが、一九九〇年に創設された高畠ワイナリーは世界的レベルで高い評価を受けるワインを生み出しています。お洒落でゆったりとした空間をもつワイナリーショップが併設されており、試飲もできますので、ぜひ立ち寄ってみてください。

犬や猫を祭神とする神社のわけ

七月の第四土曜日、普段は訪れる人もまれなこの高畠町の山間の一角が、時ならぬ賑わいを

みせます。人々が訪れる先は、高安《こうやす》という地にある犬の宮、猫の宮とよばれる二つの神社です。

犬の宮は石の鳥居をくぐり、杉木立の間を縫って続く石段を登った先の、小山の中腹にあります。架空の動物をイメージさせる一般的なものとは違い、実在する犬をモデルにしたようなリアルな造形の狛犬が守る先に、犬を祭神とする社殿が鎮座しています（上の写真）。

犬の宮。狛犬のモデルは幻の高安犬といわれる

離れて眺めると、どこにでもあるような普通の神社ですが、近づいてみると、正面の扉にあるたくさんの貼り紙が目に入ります。どの紙にも犬に向けたメッセージが記されています。愛犬の健康と長寿を祈願するもの、亡くなった犬の冥福を祈るもの、いなくなってしまった飼い犬が見つかることを願うものなど、内容はさまざまです（次頁の写真①）。

犬の写真もたくさん貼られています。かつて飼育していた愛犬の散歩用だったものでしょうか、色鮮やかなリード紐が掛けられています。

一方、猫の宮は、犬の宮から百メートルほど離れた場所にあります。こちらの祭神は猫です。開けた畑のなかにポツンとある古墳を思わせる小丘に位置しています。

社殿そのものは犬の宮より小ぶりですが、破風のついた手の込んだ造りになっています（左の写真②）。猫の宮も犬の宮同様、壁面が想いを込めたメッセージと愛猫の写真で埋め尽くされています。

① 犬の宮に納められた写真やメッセージの数々

② 平安期の創建に遡る養蚕の神とされる猫の宮

七月下旬、各地から数百人規模の参加者を集めて、この二つの神社でペット供養が営まれます。儀式は二つの神社の別当寺の僧侶によって、犬の宮のある山の麓に設営された臨時の会場で執り行われます。そこには昭和期に建てられた太い木製の塔婆があって、梵字（聖なる存在を示すサンスクリット文字）に加えて、「為畜（犬猫）之霊供養塔」という文字が墨書されています。

式では僧侶による読経と焼香が行われ、それに続いて飼い主と亡くなったペットの名前が次々と読み上げられていきます。人間の追悼式と同様、式場は厳かな空気に満たされています。

会場そばの駐車場には、地元の特産品であるブドウや桃、野菜・漬け物などを売る店が並び、縁日のような雰囲気を醸し出しています。参加者がお土産を買い求めています。わたしはお祭りの日のこの地を包む柔らかな空気感が好きで、これまで何度も足を運んできました。

物語に伝わる高安犬への思い

二つの神社は、どちらも創建の由緒を伝えています。伝承によれば、犬の宮の由来は、遠く奈良時代の和銅年間（八世紀）に遡るといわれています。

そのころ都から下向した役人が、村に対し、毎年春と秋に子供を年貢代わりに差し出すようにという命令を下しました。村人が困り果てていたところ、亀岡文殊堂への参拝帰りに道に迷ってこの村に宿を借りた座頭が、役人たちが甲斐の三毛犬、四毛犬を嫌っていることを密かに耳にし、それを甲州からわざわざ取り寄せて村人に預けました。

酒宴の席で役人が酩酊したころを見計らって、村人が座敷に二匹の犬を放つと、なかで激しい乱闘が起こりました。争いが静まった後、部屋をのぞくと、そこには多数の古狸の死骸が散乱し、重傷を負った犬たちがいました。村人たちはこの傷がもとで亡くなった二匹の犬を、村の鎮守として祀りました。それがこの神社の濫觴《らんしょう》とされているのです。

かつてこの地には高安犬《こうやすいぬ》という固有種のマタギ犬が飼われていました。直木賞受賞作である戸川幸夫の『高安犬物語』（一九五四年）は、この高安犬を素材とした小説です。

小説の舞台は昭和初期の山形市です。旧制の山形高校の理科に進学した主人公は、絶滅した山犬のことを調べているうちに、幻の日本犬とされる高安犬に興味をもつようになり、友人たちとその痕跡を探し求めます。この探索は困難を極めましたが、ついに和田村（現高畠町）で、吉蔵という猟師の飼う一頭の純粋な高安犬のチンに巡り会うのです。

この後もエピソードは続きますが、物語では、チンは土佐犬に引けを取らない勇猛果敢な犬として描写されています。また、ダム湖に落ちた子供を救い出すような深い愛情も兼ね備えていました。この高安犬は、甲斐国から連れてこられた三毛犬と四毛犬の子孫と伝えられているのです。

いま実在する高安犬をみることはかないませんが、そのイメージを彷彿とさせるものが、犬の宮の境内にある狛犬の石像です。この狛犬は実際の高安犬をモデルにしたといわれています。

決して大柄ではありませんが、骨太でどっしりとした存在感のあるその体型は、熊やカモシカ猟で活躍した優秀なマタギ犬としての風格を窺わせます。

東日本の各地にある猫神伝説

猫の宮も平安時代に遡る創建の由来を伝えています。

そのころ高安の地に、代々庄屋を務める信心深い夫婦が住んでいました。子供のいない二人は、一匹の三毛猫をかわいがっていました。この猫は妻の行くところ、どこにも付き従い、便所で天井を睨んでうなり声をあげることを繰り返しました。

不審に思った夫がうなる猫の首を切り落としたところ、その首は宙を飛んで天井裏に潜んでいた大蛇に噛み付きました。かつて三毛犬と四毛犬に殺された狸の血を舐めた大蛇が、古狸の怨念を晴らそうと夫婦を付け狙っていたのです。

ことの真相を知った夫婦と村人は、この猫を神として祀りました。江戸時代になると、高安の猫神は、蚕《かいこ》の天敵である鼠を防ぐ養蚕の神として信仰を集めることになるのです。

江戸時代の東日本では、絹糸を生産するための養蚕が盛んでした。わたしが幼少の時期を過ごした宮城県の丸森町でも、家ごとに蚕が飼われていました。二階が蚕部屋になっているところが多く、飼料となる桑の葉を摘んできて蚕に与える作業は子供の仕事でした。蚕部屋のあの独特の匂いは、いまでも忘れることができません。

養蚕農家にとって最大の脅威は、好んで蚕や繭《まゆ》を食べる鼠でした。そのため、田舎では猫を飼う家が多く、高安だけでなく、猫を神として祀る習慣は各地でみられます。丸森町では路傍に、八十基を超える猫神の石碑や石像が残されており、至るところでそれを日にすることができます。猫神を見学しながら巡るスタンプラリーも行われています。

猫神といえば、江戸時代の後期に、新田岩松氏（群馬県）の殿様が描いた猫の絵が、鼠除けの効能があるとして、養蚕農家から重宝されるようになりました。人々の要望に応じて、殿様は猫神の絵を描き続けました。幕末に至る四代の殿様が制作した絵は膨大な数に上り、その分布は海外にまで及んでいます（落合延孝『猫絵の殿様』吉川弘文館、一九九六年）。猫を神として崇める伝統は、東日本の各地に深く根を下ろしていたのです。

「神」を必要とした人間ゆえに

いま、コロナウイルスの流行による引きこもりの影響もあって、日本は空前のペットブームになっているといわれます。なぜ人は犬や猫を人生の友とするのでしょうか。

現代社会でこそ独居する人が多くなりましたが、本来、人類は一人では生きることのできない か弱い生物です。集団を形成し、力を合わせて、辛うじてこれまで生き延びてくることができました。

集団生活は、激しい生存競争を勝ち抜くために人間が選び取った選択ですが、反面、大きな問題をもたらしました。それは、他人と一緒に生活することに伴うストレスの肥大化です。

家族や血縁親族を中心とする小集団で移動生活を営んでいる間は、人間関係の軋轢もそれほど深刻化することはありませんでした。しかし、日本列島についていえば、縄文時代に入って人々の定住化が進み、集団の規模が拡大すると、抱え込むストレスの量も飛躍的に増大しました。そうしたなかで、人間関係の調整役として、重要な役割を担って浮上してきたものが「神」だったのです。

自分たちの周囲を振り返ってみれば分かるように、人間が作る集団は、その内部に感情的な軋轢や利害の対立を発生させることを宿命としています。共同体に属する人々は、宗教儀礼を通じて神という他者へのまなざしを共有することによって、構成員同士が直接向き合うことから生じるストレスと緊張感を緩和しようとしたのです。

神は、社会のシステムが円滑に機能する上でも、不可欠の役割を担っていました。定期的に開催される法会や祭礼は、参加者の人間関係と社会的役割を再確認し、構成員のつながりを強化する機能を果たしました。祭りという大きな目的に向けての長い準備期間のなかで、参加者は自分たちが一つの運命共同体に属していることを、強く自覚させられることになったのです。

ひとたび共同体の内部で争いが生じたときは、籤《くじ》や占いなどの手段を通じて、その裁定が神に委ねられました。シャーマンが神の意思を伝える場合もありました。一度下された神の指示には、何人も逆らうことは許されませんでした。最終的な決定者を神とすることによって、共同体の内部に怨念と憎悪の循環が生じることを防ごうとしたのです。神は人が作る共同体を外側から柔らかく包み込むと同時に、集団内部の人間関係の緩衝材としての役割を果たしていたのです。

近代は、わたしたちが暮らす社会から神が放逐されていく時代でした。神だけではありません。死者や動物や草木もまた世界の構成員から排除されて、口を閉ざすことを強いられるようになりました。

近代化とは、神仏や死者や他の生物を差し置いて、人間がこの世界の唯一の特権的存在へとのし上がっていくプロセスにほかならなかったのです。

近代化が、人権意識の拡大や、人間の地位と生活の向上に果たした偉大な役割は、決して否定することはできません。けれども、それは他方で、人間同士の軋轢を緩和するクッションの喪失を意味していました。体に棘を生やした人間が狭い箱に閉じ込められ、少しの身動きが隣人を傷つけてしまうような、異様な緊張感に満ちた時代が到来することになったのです。

犬猫と暮らして分かる生と死

犬や猫を飼うと夫婦間の対話が増えるということは、よく耳にする話です。犬を連れて散歩に出れば、それが縁となって、見知らぬ人と話をする機会も多くなります。

犬の飼育は縄文時代に遡ります。縄文期の墓地から、人間と一緒に埋葬された犬の骨がみつかったこともありました。犬を飼う意味は、時代や地域によって異なります。現代についていえば、ペットは神が社会から放逐されてしまった時代に、窮屈な人間関係の緩衝材として復活させられた小さな神々ではないのか、とわたしは考えています。

実際にペットと暮らしてみれば分かることですが、その生活は楽しいことばかりではありません。結構手間もかかりますが、それ以上に衝撃を受けるのは、犬や猫が猛烈なスピードで年老いていくことです。足下でじゃれついていた子犬が、あっという間に成犬になり、やがて耳目や歯が衰え始め、足取りがおぼつかなくなります。そして、人間の子供が成人するよりも早く、老衰で死を迎えるのです。

早送りの画像のように進む愛犬と愛猫の生に戸惑いながら、飼い主は少しだけ時の流れが緩やかになって、共に過ごせる日が一日でも長く続くことを願いました。その死後には、手に残る温かな被毛の感触を思い出しながらペットたちの安らかな眠りを祈り、次生での再会を切望しました。

その思いが、犬の宮、猫の宮に貼られた写真やメッセージに溢れているのです。

18

亡き人の衣類をお寺に奉納する習俗がいまも絶えないのはなぜか

朝田寺　三重県松阪市

花のお寺になぜか死出の歌が

わしが死んだら　かけておくれよ　朝田の地蔵へ　振袖を

近鉄山田線の東松阪駅は、名古屋からみて松阪の一つ先の駅になります。改札を出て、北東の方角に海に向かって歩みを進めると、ほどなく住宅地は途切れて、周囲は田畑ばかりの風景に変わります。今日の目的の朝田寺《ちょうでんじ》（天台宗）は、そんな景色のなかを二十分ほど歩いた先の、開けた田園のなかに位置しています。

寺を取り巻く四方はすべてが農地です。訪れたのは十月初旬のことでしたが、日差しはあたたかく、水田の刈跡から芽生えたひこばえが青々と茂って、春を思わせる雰囲気を醸し出していました。収穫後すぐに稲が枯れてしまう寒冷地の東北では、なかなか目にすることのできない光景です。田に混じって、大豆の畑が広がっています。

朝田寺は地蔵菩薩を本尊とする寺院です。織田信長の伊勢攻めの戦乱に巻き込まれていったんは灰燼に帰し、その後、現在地に移って再建されたと伝えられています。

入母屋造り、本瓦葺きの堂々たる外観をした本堂は、江戸時代の慶安五（一六五二）年の建立で、県指定の文化財となっています。本尊の地蔵菩薩像（国指定重要文化財）は、カヤの一木から彫り出された平安時代前期の作品です。

朝田寺は花の寺です。春には牡丹、初夏には紫陽花、盛夏には蓮の花と、折々に咲く季節の花が境内を彩ります。わたしが訪れたときは花のシーズンを過ぎていましたが、大きな楠が花に代わって迎えてくれました。この木は根元の周囲が六メートルを超える巨木で、その雄大な姿を見上げたとき、その迫力に思わず息を呑んでしまいます。境内にはこれ以外にも、朝田寺の歴史を見守ってきた槇《まき》や梛《なぎ》の大木があります。

朝田寺には江戸時代の画家、曾我蕭白《そがしょうはく》の作品が所蔵されています。蕭白は二十代と三十代の時に、二度にわたって朝田寺を訪れました。寺と周辺の雰囲気がたいへん気に入ったらしく、しばらく滞在して、「阿吽の獅子」や「獏《ばく》」「鳳凰」など十一点の作品を残しました。これらの絵は、毎年連休のころ、牡丹の花盛りの季節に寺の書院で公開されています。

本堂の大量の衣類に息を呑む

地元では「朝田の地蔵さん」として親しまれている朝田寺は、〝道開け供養〟と呼ばれる独自の死者供養の風習を伝えています。葬儀が終わると親族が故人の冥福を願って朝田の地蔵にお参りし、その衣服を奉納するのです。冒頭に掲げた「わしが死んだら……」という歌は、この道開け供養を詠んだものでした。

寺に納められた衣類は本堂の天井に吊るされ、地蔵盆まで供養が続けられます（次頁の写真）。夏が近づくころには、八月に初盆を迎える死者の衣類が、堂内に大量に掛けられている様子を目にすることができます。この行事には寺の檀家だけでなく、宗派を問わずだれでも参加することができます。かつては周辺地域の他の寺院でも行われていたといわれますが、いまこの風習を残すのは朝田寺だけになってしまいました。

わたしが朝田寺を訪れたときは、ちょうど子供連れのご家族が道開け供養を行っている最中で、読経が続いていました。終わって参列者が出てこられた後、式を担当された副住職にお願いし、堂内に入ってご本尊の地蔵菩薩像を拝観させていただきました。

いかにも貞観仏らしい、いかめしい表情と太い首、がっしりした体躯をした秀作です。長い時を経た古めいた様相は隠せませんが、体には彩色が残り、唇にはうっすらと紅が引かれています。許可をいただいてそばに近づくと、一瞬身体から発するオーラに触れたような気がしました。素材の木がもっていた霊性をそのまま取り込んだ、霊験仏と呼ぶにふさわしい像です。

故人の衣類を天井から吊す朝田寺の本堂

天井には、あらかじめ聞いていた通り、たくさんの衣類が掛かっていました。副住職のお話によると、まだ地蔵盆が終わってから時が経っていないので、奉納された衣服はさほど多くないということでした。しばらく立ち話に付き合っていただきましたが、近辺では途絶えてしまった掛衣の風習は、かつて日本中が貧乏で現金が貴重だったとき、お金に代えての寺への供養の意味もあったのではないか、という言葉は印象的でした。

死者の衣類が報酬や供養に充てられた件については、幾つも事例を挙げることができます。たとえば十二世紀に制作された『餓鬼草紙』には、墓場のシーンが出てきます。そこには土饅頭型をした土葬墓や五輪塔を載せた火葬墓が登場しますが、それらの立派な墓の間に、運び込んだまま簡単な葬儀を済ませて捨て置かれた遺体が散乱しています。日本の中世は、まだ風葬が主流の時代だったのです。

そこで興味深いのは、死後間もないと思われる女性の遺体が腰に布を掛けただけの裸の姿で放置されていることです。彼女が着ていた衣服はどうなったのでしょうか。その当時、遺体を墓地まで運んだ人々が、手間賃代わりにその衣服を手に入れる権利を持っていたのです。

衣類を祀る恐山と川倉地蔵堂

伊勢地方ではほとんど姿を消してしまった、寺に故人の衣服を納める風習ですが、広く日本列島を見渡したとき、まだ行われているところが数多くあります。その代表的な地が青森県の恐山です。

日本三大霊場の一つとして有名な恐山は、江戸時代にはむしろ湯治場として知られていました。いまも境内には、雰囲気のいい鄙びた温泉小屋があり、わたしも訪れた際にはタオルを持参して必ず湯に浸かることにしています。

恐山菩提寺（曹洞宗）の本堂は、門を抜けて参道をまっすぐ辿った先にある地蔵堂です。ここでは現在も、故人が残した衣類の奉納と供養が行われています。着慣れた服に混じって、袖を通していない真新しいスーツやウエディングドレスがあります。生きていれば成人式を迎える年や、結婚していいはずの年齢を迎えると、恐山にいるはずの故人のために、衣服があつらえられるのです。生者がこの世で歳をとるように、死者もまた彼岸で年齢を重ねている、と信じられているのです。

地蔵堂の手前、左側に設けられた柵を入ると、地獄めぐりの始まりです。遊歩道の周囲には、草木のない荒涼とした光景が広がっています。岩と砂礫の小道を辿ればあちこちで蒸気が吹き出し、硫黄の匂いが鼻をつきます。賽の河原の八角円堂は、そうした風景のなかにぽつんと佇んでいます。

堂内に足を踏み入れると、故人の身に着けていた衣類がうず高く積まれています。スーツなどに混じって、女子学生の制服やベビー服もあります。そこにあるのは単なる衣類の山ではありません。積み重なっているものは、死者を偲ぶ遺族の思いなのです。

恐山と並ぶ青森を代表するもう一つの霊場、川倉地蔵堂でも衣類の奉納が行われています（第１巻 第19章参照）。恐山のある下北半島と川倉地蔵堂の津軽半島は、北に向かって角のように突き出した青森県の二大半島です。春から秋にかけて、この二つの半島を一時間で結ぶ「むつ湾フェリー」が運行しており、恐山と川倉を一日で回ることも不可能ではありません。

わたしはこのフェリーを使って下北から津軽に渡るルートが好きで、何度もこのコースを通りました。船からみる陸奥湾の景色は素晴らしく、天候しだいでは遠く八甲田や岩木山を望むことができます。運がよければフェリーと伴走するイルカの群れをみることができるかもしれません。

衣を着せた地蔵２千体の青森・川倉地蔵堂

川倉地蔵堂の奉納の場は本堂にあたる地蔵堂です。ここでは講堂を思わせる広い建物のなかに、二千体もの地蔵菩薩の像が安置されています。津軽は飢饉が頻繁に起こった地域です。いったん飢餓に襲われると、子供が真っ先に犠牲になりました。疫病や事故でもたくさんの子供が命を落としました。その供養のために、親たちは地蔵の像を奉納し、折々に訪れては服を着せ替え、顔に化粧を施したのです。

奉納された衣類は、地蔵が並ぶ雛壇の背後に掛けられています（前頁の写真）。並んで吊るされた着物や帯が、紅葉を浮かべた滝のようです。その上の壁には、たくさんの故人の遺影が安置されています。それらが相まって、死者の実在を強く意識させます。故人はいま、ここにいるのです。

衣信仰は庶民も宮中も同じか

衣服を霊場に納める風習の背後にあるものは、着衣をその使用者と一体とみる観念です。死者供養の地では衣類だけでなく、メガネや靴や人形など、故人が使用したものが置かれていることがありますが、同じ発想によるものでしょう。ある人が愛用した衣類や小物は、その人の分身となるのです。

それは死者だけにとどまりません。

紀ノ川（和歌山県）から伸びる南海加太《かだ》さかな線の終着駅、加太にある淡嶋《あわしま》神社は、人形供養の神社として有名です。二万体を超える日本人形をはじめ、招き猫、信楽焼の狸、カエルから翁と媼に至るまで、あらゆる種類の人形が境内に所狭しと並び、この世のものとは思えないような不思議な光景を作り出しています（次頁の写真）。

淡嶋神社はパンツ神社としても知られています。婦人病や不妊に悩む女性が、問題の解決を祈願して末社の社殿に下着を奉納する習慣があるのです。社殿のなかには、納められた下着の他に、木彫の男根がたくさん転がっています。淡嶋神社以外にも、健康を願って自身の着衣や下着を納める聖地は日本列島各地にあります。衣服とそれを着用した人物を一体視する観念は、ここにも見出すことができます。

境内所狭しと様々な人形が祀られる和歌山県の淡嶋神社

　そうした観念は、いまも行われている、天皇に関わる行事とも深い関わりをもっています。後七日御修法《ごしちにちのみしほ》の御《ぎょ》衣加持《いかじ》です。

　後七日御修法は玉体（天皇の身体）の安穏と国家の繁栄を願って行われる修法で、平安時代の初めに、唐から帰国した弘法大師空海によって始められたものです。以後中断はあるものの、毎年一月八日から十四日まで、宮中真言院で実修されてきました。明治維新で神仏分離が定められ、皇居が東京に移ってからは、宮中を出て京都の東寺の灌頂院を舞台として行われるようになり、現在に至っています。真言宗各派から選抜された僧によって実修される、宗の最重要の修法と位置付けられています。

この修法で注目されるのは、加持の対象として天皇の着衣（御衣）が用いられることです。御衣はいまでも儀式の前に、勅使（天皇の正式な使者）と女官によって式場に届けられます。終了後は、やはり勅使を通じて天皇の元に返還されます。衣服が天皇の形代としての機能を果たしていることが分かります。天皇の身代わりである御衣を加持することによって、その効能が天皇自身に届くと考えられているのです。

御衣加持は天台宗でも行われています。比叡山の根本中堂で四月四日から十一日まで実修される「御衣加持御修法《ぎょいかじみしほ》」です。天台座主や各門跡の門主など十七名の高僧によって、御衣を対象とする、天皇と国家の安穏を祈願する祈祷が実施されます。天台密教の最高の修法とされているものであり、こちらでも、初日に勅使によって御衣が届けられます。

死者を思い出すよすがとして

わたしたちはこれまで、日本列島の各地でみられる、衣類をめぐるいくつかの習俗を取り上げてきました。

死者の後生善処を願って、生前着用していた衣服を寺院に奉納する行事がありました。生者が自身や縁者の病気平癒を祈願して神社に納める風習もありました。下着の奉納のような卑俗な習慣がある一方、かつては正式な国家行事と位置付けられていた御衣加持のような、晴れの舞台もありました。

これらの諸行事は、一見まったく次元を異にするもののようです。しかし、それらには共通する背景があります。着衣とその所有者を一体化して把握する見方です。

「後朝《きぬぎぬ》」という言葉をご存じでしょうか。一夜を共にした男女の、翌朝の別れの様子を表現したものです。衣を上掛けにして夜を過ごした二人は、朝まだ明け切らぬ先に起き出し、男は帰るための身支度を始めます。その時、それぞれが自身の衣服を身に着ける行為を表現したものが「後朝」なのです。

帰宅した後、男はできるだけ早く、女のもとに歌を届けなければなりませんでした。「後朝の歌」です。

逢ひ見ての後の心にくらぶれば　昔はものを思はざりけり　（権中納言敦忠）

前からあなたのことは好きでたまらなかったが、一夜を共にしてのいまの気持ちは、もはやそんな次元ではない、といった意味です。昔の男たちは、とにかくまめでなければ女性と付き合うことはできなかったのです。

後朝の際、男は自身の衣を女のために残しておくことがありました。それぞれの肌着を交換して身に着けることもあったといわれます。体は離れることになっても、せめて心は留めておきたい、という思いがその背景にありました。衣服に魂が宿るという観念は、古くから列島に存在していたのです。

衣服の奉納は寺院に多くみられる風習です。仏教そのものに、それを薦める教えはありません。けれども、衣服に人格が宿るという感覚は多くの人が実感できるものではないでしょうか。人にはいつか必ず死が訪れますが、わたしたちは過ぎ去った人々をすぐに忘れることはありません。その人物の後生善処を願うだけでなく、折に触れて生前の記憶を手繰り寄せます。故人の衣類を整理していて、ふと堰を切ったように思い出が蘇り、感情を抑えきれなくなったという経験はないでしょうか。愛犬が遊んでいたおもちゃを見て、たまらない気持ちに陥ったことはないでしょうか。

思い出したときに、死者は生き返るのです。思い出す人がいる限り、死者はその人とともにあるのです。霊場に納められた死者の衣服は、故人が仏に抱かれてこの場所で安らいでいることを、折々に親族が確認して安堵するための装置だったのです。

19

江戸時代以降に日本の各地になぜ「無縁塚」が作られるようになったのか

仙台の叢塚　宮城県仙台市

市民憩いの公園になぜ叢塚が

水の森公園は仙台市の北東部に位置する森林公園です。川を堰き止めてできた三共堤《さんきょうつつみ》と丸田沢堤、この二つの溜池を中心に広大な森林が広がっており、総面積は百ヘクタールを超えます。春にはカタクリが紫の花をつけ、冬には水鳥が飛来します。住宅地に囲まれた場所でありながら、熊が出没するなど豊かな自然が残された地です。公園内には遊歩道が整備されており、歩いて園内を一周できるようになっています。キャンプ場も併設されています。

公園には北側のキャンプ場と南側の水の森市民センター、二カ所の入り口が設けられています。市民センターの駐車場に車を置いて、センターの脇から公園に入ると、市内とは思えない閑静な森の道です。この道はかつて、七北田村《ななきた》（現在の泉区七北田）から仙台市の中心部に抜けるための日常ルートとして住民に利用されていたものです。

百メートルほど歩くと、左側の道端に石碑が立っているのが目に入ります（写真）。正面には「叢塚」という大きな字が彫られています。この碑文は「くさむらづか」と読まれています。

仙台市水の森公園内の無縁墓「叢塚」

仙台周辺で比較的多くみられるタイプの石碑です。語源についてはいくつかの説がありますが、「叢」に集めるという意味があることから、身元不明の遺体を集団で埋葬した地として、このようによばれるようになったと考えられています。身寄りのない人々を供養するための無縁墓だったのです。

この叢塚は、いつ、だれが、どのような目的で建立したのでしょうか。

ここ数年間、猛威を振るったコロナウイルスの活動も、ようやく終息の兆しがみえてきました。日本列島はこれまでもさまざまなタイプの菌やウイルスによるパンデミックに襲われ、たくさんの人々が命を失いました。

この石碑は一八八二（明治十五）年、仙台とその周辺で流行したコレラによって死亡した人々を記憶するためのモニュメントなのです。

嘔吐と下痢を繰り返し、重症化すると死に至るコレラは、もともと日本にあった病気ではありませんでした。幕末になって長崎を通じて国内に入ってきたものと考えられています。

一八二二（文政五）年を最初として、明治時代まで繰り返し流行が起こりました。あわせて数十万人の死者が出たと推定されています。当時の人々にとっては、きわめて恐ろしい病気だったのです。

コレラ禍の遺体火葬のために

石碑の側面と裏側には、当時のコレラの流行の様子と、この碑を建てるに至る経緯が漢文でびっしりと書き込まれています。おおよその内容は次のようなものです。

――明治十五年七月、コレラが流行した。仙台病院では十数名の死者が出た。亡くなった人物については、防疫の観点から通常の土葬を許さず、荒巻のこの地に臨時の火葬の場を設けて遺骸を焼いた。この病はインドに源を発するものといわれている。

明治のコレラ禍に作られた遺体焼却場跡

コレラという病気に対する庶民の無知のため、流行は爆発的に拡大した。七月二十一日から九月六日まで、罹患者は九百三十名に上り、うち四百十名が死亡した。この地では最終的に二百七十六体の遺体が焼かれた。火葬が行われるたびに遺族が骨を持ち帰ったが、それでもこの地には多量の骨片や灰が残された。

それを供養するために、近隣の住民である村上左膳らの有志が発願してこの碑が建立された――。

コレラの患者が増えてくると、商店は営業をやめ、街で人の往来が途絶えたといわれます。医師もコレラ患者を診るのが初めての人が多く、入院の基準をめぐって混乱も起こったようです。病人の出た家には、役所によって発生を知らせる黄色い張り紙がなされ、人の出入りが禁止されました。

台原など市内三カ所に「避病院」が設けられ、患者が集められました。

台原の病院で亡くなった患者の遺体は、車に載せて一キロ離れた水の森の焼き場に運ばれました。

叢塚を過ぎて五十メートルほど先に進むと、道は二手に分かれます。公園を一周する周回コースの入り口です。その突き当たりの分岐点にも、石碑が立っています。途中から折れて上部が失われていますが、「焼場供養塔」という文字を読み取ることができます。ここが実際に遺体を焼いた場所だったのです（前頁の写真）。

わたしたちは遺体の火葬というと、いま火葬場で用いられている大きなかまど型の焼却炉を思い浮かべます。けれども、まだ土葬が中心だった明治時代にはそうした施設は存在しませんでした。そのため、地表に薪を並べ、その上に遺体を置いて焼く「野焼き」の形式が取られました。地域によっては、故人が荼毘に付されている間、親族が集まって酒を飲みながら焼けていく様子をみる風習もあったようです。

水の森で焼かれた遺体は、危険な疫病で亡くなった人々であるため、親族が見守ることはできませんでした。三平《さんぺい》という名の男が一体十六文で焼却を請け負い、昼夜を分かたず濁酒《どぶろく》を飲みながら焼き続けたという伝承が残っています。いま叢塚に眠っているのはこうして焼かれた人々の遺骨なのです。

天保七年になにが起きたのか

仙台駅の東口を出ると、駅からまっすぐ東に向かう道幅五十メートルの大通りが現れます。再開発によって生まれた宮城野通です。この通りの一・五キロ先には、楽天イーグルスが本拠地とする宮城球場（現在の愛称は楽天モバイルパーク宮城）があります。

宮城野通を球場方向に歩くと、ほどなく左右にお寺の姿がちらほらと現れるようになります。この一帯は伊達政宗が築いた城下町仙台の東の外れにあたり、その外郭をなす寺町が置かれていました。江戸時代には仙台の街並みはここで途切れ、その先は人家のない原野が続く宮城野原とよばれていた地でした。

その寺町の一角を形成する勝光山徳泉寺（真宗大谷派）は、江戸時代初めから続く由緒ある寺院です。仙台駅から、歩いても十分もかからない距離にあります。現在、徳泉寺の住職を務める関口真爾さんはわたしの長年の知己で、大谷派の仙台教区の研究会や合宿などでなんどもご一緒し、現代社会や寺が直面する課題について議論してきました。

関口住職は震災の後遺症や差別・認知症など、現代の日本社会が抱える問題に熱心に取り組んでいます。みずから被災地に飛び込んで、労を惜しむことなくボランティアに身を投じるような方です。お寺と地域のつながりをとても大切にしていて、子供会の集まり、落語・朗読劇・コンサートなどの催しを毎月のように開催しています。とにかく人の出入りの多いお寺で、寺院のこれからの在り方を考える上で、重要な示唆を与えてくれる取り組みがなされています。

創建以来、幾度もの震災や天災の被害を被ってきた徳泉寺ですが、現在境内は綺麗に整備され、本堂をはじめとする建物が整然と建ち並んでいます。その境内墓地の一角に、二基の古碑が並んで立っています。表面には「丙申殍氓叢塚《へいしんふぼうそうぼう》」という字が刻まれています（写真）。

仙台市真宗大谷派徳泉寺の境内墓地にある古碑「丙申殍氓叢塚」

「丙申」は年を示す言葉です。江戸時代以前の日本では、十干と十二支の組み合わせで年を表現する「干支《えと》」が用いられていました。その方法だと、六十年に一度「丙申」の年が巡ってくることになりますが、ここに出てくる「丙申」は一八三六（天保七）年のそれでした。

次の「殍」は飢え死にを意味する言葉です。「氓」は家を失ってさすらう人々です。「叢塚」はすでに述べたように、不特定多数の死者の遺体や骨を集めて葬った墓地を意味しています。この石碑は幕末の天保年間、身元のわからない餓死者を供養する目的で建立されたものだったのです。「丙申殍餓叢塚」の碑は近隣の金勝寺（曹洞宗）や願行寺（浄土宗）にも置かれています。

天保七年に、いったいなにがあったのでしょうか。

東北を襲う飢饉ゆえの粥小屋

現代に生きるわたしたちは、なかなか実感することができませんが、かつて日本列島は繰り返し飢饉に襲われました。江戸時代には、四大飢饉とよばれる四つの巨大飢饉が起こりました。天保七年はその一つである天保の飢饉がピークに達した年だったのです。

一八三三（天保四）年に始まる天保の飢饉は、天明のそれと並ぶ江戸時代最悪の飢饉でした。春に霜が降り、夏になっても肌寒い天候が続きました。冷害によって作物は甚大な被害を被りました。それに追い打ちをかけたのが集中豪雨です。そうした異常気象が五年以上にわたって続いたのです。

いつものことですが、飢饉の被害を受けたのは東日本、特に東北地方でした。飢餓との戦いは、東北が負わされた宿命でした。東北地方は、五十年ほど前に起こった天明の飢饉でも深刻なダメージを被りました。東北の飢饉は冷害が主要な原因でしたが、天明の大飢饉のときには、これに浅間山の噴火が加わりました。寒波と空を覆う噴煙の影響が重なり、記録的な冷夏が続きました。

収穫は激減し、北東北では餓死者が相次ぎました。青森の八戸《はちのへ》藩では、数年のうちに人口が半減したといわれます。一七八五（天明五）年に津軽を訪れた菅江真澄は、この飢饉の爪痕を、《村の小道に分け入ると、雪のむら消えのように、草むらに白骨が散乱している。あるところでは人骨が山をなしている》（『そとがはまかぜ』）と記述しています。

天明飢饉の体験があったために、藩単位でも村単位でも、飢饉に備えた周到な準備がなされていました。しかし、天保の飢饉はそうした人間の努力を嘲笑うかのように、人々に容赦ない試練を与えるのです。

天保の飢饉の際にもっとも甚大な被害を被ったのが仙台藩でした。伊達政宗にはじまる仙台藩は日本有数の大藩です。伊達六十二万石といわれていましたが、積極的な新田開発によって実質的な石高は百万石に達するまでになっていました。けれども、天保の飢饉の折にはこの新田開発が裏目に出ました。米の増収一辺倒の政策が、悪天候による稲作へのダメージによってその歪みを露呈することになったのです。

　この飢饉がもっとも深刻化した天保七年には、仙台藩内で万単位の死者が発生しました。一説では、犠牲者は三十万人に及んだといわれます。仙台には、食を求めて膨大な数の流民が殺到しました。仙台藩はこれに対処するため、城下の各所に「粥小屋《かゆごや》」を設置し、人々に粥を振る舞いました。叢塚のある徳泉寺と金勝寺は、この時境内に粥小屋が設けられました。

　しかし、すでに救護所に到着した段階で生死の境を彷徨っている人も多く、疫病も流行したため、この二カ所の粥小屋だけで二千七百人の死者が発生しました。遺体は寺町の外側に広がる宮城野の一角に、穴を掘ってまとめて埋葬しました。いまとなってはその場所を知る由もありませんが、徳泉寺などに残る石碑は、もともとは行き倒れになった流民を供養するため、その埋葬地に建てられたものでした。それが市街地の整備など、時代の流れのなかで、いつしか現在の場所に安置されることになったのです。

　古くから歌枕として有名な宮城野ですが、宮城野萩の草葉の陰には大量の死体が埋葬され、災害の折には遺体や人骨が散乱するような場所でもあったのです。

日本になぜ無縁塚があるのか

中世が流動する社会であったのに対し、近世の特色は人が土地との結びつきを強めるところにありました。先祖から子孫へと受け継がれていく「イエ」の観念が庶民層にまで定着し、死後も村の墓地に眠って親族と交流を継続することが人々の強い願いとなりました。生者と死者の交流の作法が作り上げられ、周期法要の形式が整えられていくのが近世という時代だったのです。

それは村に住む人々の間だけでなく、都市の住民にとっても同様でした。戦国の乱世が終了して各地に城下町が形成されるようになると、どの都市でも必ず外縁部には寺町が造営されました。

それ以前のものとは異なり、江戸時代の寺院の境内には墓地が設けられました。盆や彼岸などの折には茶菓を携えた人々が墓地を訪れて、故人と飲食を共にしました。かつて人々を悟りの世界へと導いた仏はその役割を終え、人々が悪道に落ちることを防ぎ、庶民のストレートな現世利益の願望に応えることが、その主要な任務となりました。

仏に代わって死者への対応を担当するようになったのが、子供たちなど、故人と縁のある親族たちでした。彼ら彼女らは十年単位の長い年月をかけて死者との付き合いを継続し、故人が生前身に帯びていた怨念などネガティブな感情を清算し、子孫を見守る神＝「ご先祖」に昇格するまで、辛抱強く見守り続けるのです。

戒名・法名を刻んだ墓の建立と墓参の作法の定着は、他方で死後に弔ってもらえない死者を不幸とみなす風潮を生み出しました。イエが形成される近世社会でも、都市の下層労働者や遊女、農村の次男・三男など、家庭をもつことが困難なたくさんの人々がいました。供養を受けることのできない大量の死者が一気に生まれるのが、飢饉や疫病などの時でした。今回取り上げた叢塚は、通常の葬送儀礼が機能しなくなる非常事態に設けられた、無縁の死者を供養するためのシステムだったのです。

近世社会は中世とは違って、死者が遠く旅立たなくなる時代でした。供養される死者が墓地に留まって、親族の来訪を待ちながら安らかな眠りについているのに対し、無縁の死者は居場所を持たないまま、この世のどこかを彷徨っていると考えられていました。不幸な死者の増加は、社会に怨念が蓄積されることであり、新たな災厄や災害をもたらす原因となると信じられていました。

日本列島に残る叢塚をはじめとする無数の無縁塚は、人々のそうした不安を和らげる機能を担うものでした。それは身寄りのない死者に対する慰安のための装置であると同時に、生きている人々に心の平穏をもたらすシステムでもあったのです。

20

カミを追い出した近代に定められた天皇陵は現代に何を問いかけるのか

武蔵陵墓地　東京都八王子市
月輪陵　京都府京都市東山区

上円下方墳の天皇陵をめぐる

ＪＲの高尾駅北口を出ると、師走とは思えない、ぬくもりをはらんだ柔らかな風が身を包みました。近年の再開発で高尾駅の南口方面は大きく変貌しました。しかし、北口とその周辺は一時代前の面影を色濃く残しています。昔からの食堂やお店があり、寺社建築を思わせる個性的な佇まいの木造の駅舎もそのままです。

駅から北に高尾街道を辿り、葉の落ちた銀杏並木の甲州街道を横切ります。さらに進んで、南浅川を渡ったところで右に折れて狭い道に入ります。住宅街のなかをくねって続くこの道を、

武蔵陵墓地に設けられた上円下方墳の昭和天皇陵

一キロほど先に進んだところが、今日訪れる武蔵陵墓地（東京都八王子市）です。

やがて道の左手に、武蔵陵の森が現れます。塀越しに、思い思いの色に染まった木々を愛でながら歩くと、陵墓の入り口に到着です。正門を入ると広場になっており、そこを抜けた先にある総門から、森に向かって広い参道が続いています。参道の両側は見事な北山杉の木立です。

武蔵陵墓地には、大正天皇ご夫妻、昭和天皇ご夫妻、合わせて四基の墓が設けられています（写真）。最初に作られたのが大正天皇の墓地で、多摩陵《たまのみささぎ》と命名されました。竣工は一九二七（昭和二）年です。総門から表参道を五百メートルほど進んだ場所に位置しています。

墓地の正面には白木の鳥居が立っています。

その先に数十段の石段が設けられ、墓はその上にあります。見上げるような形で礼拝することになります。墳墓の形状は、四角の基壇の上に円形の墳墓が載る上円下方墳です。上円部に、土葬にされた大正天皇のご遺体が安置されています。スケールは下方部が一辺二十七メートルの正方形で、上円部は直径十六メートル、高さは十・六メートルです。表面は多摩川から運んだ葺石で覆われています。

その東隣、向かって右手に、緑地を挟んで貞明皇后の墓地（多摩東陵《たまのひがしのみささぎ》）があります。小ぶりですが、形状はほぼ同じです。武蔵陵墓地は当初、大正天皇の墓所として造営されました。その後、昭和天皇の墓（武蔵野陵）が設けられたため、現在は武蔵陵墓地と総称されています。

昭和天皇の墓地は、大正天皇の陵から右奥に百メートルほど入り込んだ場所にあり、形状は大正天皇陵と同じで、一見しただけでは判別することが困難です。ただ、拝所のある平場から墳丘までの高さが少し低くなっており、上円部の球形の膨らみも少しなだらかになっています。

近代につながる天智天皇の陵墓

天皇陵を目の当たりにしてまず印象に残るのは、独特の形状ではないでしょうか。四角形の基壇の上に円墳が乗る形は、規模の違いはあっても、明治天皇を葬った伏見桃山陵も同じです。

京都・泉涌寺に設けられた歴代天皇の月輪陵

しかし、一見古風に見えるこの形は、天皇陵としては決して一般的なものではありませんでした。明治天皇の父である孝明天皇から始まる新しいタイプの墳墓だったのです。

この形態が一般的でないとすれば、それ以前の天皇墓はどのような形をしていたのでしょうか。

京都の東山に、皇室ゆかりの寺として知られる泉涌寺《せんにゅうじ》（真言宗泉涌寺派総本山）があります。御寺《みてら》と呼ばれる格式高い寺院です。JRと京阪の東福寺駅から、歩いても十五分程度です。泉涌寺道と呼ばれる参詣道があり、総門から先は木立のなかを歩く気持ちのいい道です。孝明天皇の父である仁孝天皇以前の歴代天皇の墓地は、この泉涌寺に置かれているのです。

泉涌寺と天皇家との関わりは鎌倉時代の四条天皇に遡ります。一二四二（仁治三）年、不慮の事故によってわずか十二歳で急死した四条天皇は、泉涌寺で葬儀を執り行った後、境内の一角に埋葬されました。南北朝時代になると、天皇や皇族が亡くなった際には泉涌寺での葬儀が常態化し、江戸時代以降は歴代天皇・皇后の葬礼はすべて泉涌寺で行われました。その陵墓も境内に設けられ、「月輪陵《つきのわのみささぎ》」としていまに継承されています（前頁の写真）。

そうした経緯もあって、現在泉涌寺の境内には十四人の天皇を含む二十五の陵墓、天皇の遺灰を納めた五基の灰塚、九基の皇族墓が残されています。墓の多くは仏式の九重の石塔です。

かつては葬儀も墓地の管理も泉涌寺が行っていましたが、明治維新後に天皇と仏教儀礼との分離が行われたことに伴い、今は墓地は寺から切り離されて宮内庁の管轄となっています。歴代天皇の陵墓は、霊明殿の背後、境内の一番奥に位置しています。正面には唐破風のついた門があり、そこから両翼に塀が伸びています。手前の広場は白砂が敷かれた拝所です。

霊明殿には歴代天皇の尊牌（位牌）が安置されています。また、代々の天皇の念持仏も置かれています。これらの位牌や仏像は、明治維新までは京都御所の清涼殿にあった黒戸（仏間）にありました。供養も、僧侶が参内して仏式で営まれていました。しかし、明治新政府の神仏分離政策で宮中から仏教色が一掃されたため、泉涌寺に移すことになったのです。

新たに誕生した近代の陵墓がモデルにしたものが、七世紀を生きた天智天皇の墓でした。六四五年の大化の改新で、藤原鎌足とともに蘇我蝦夷《そがのえみし》を倒した中大兄皇子《なかのおおえのおうじ》は、即位して天智天皇

（この称号は後世に付けられたものです）となった後も、唐・新羅との戦いや友好国百済の滅亡を体験するなど、波乱の生涯を送りました。死後、その墓地は山科に設けられました。現存する山科陵がそれに当たります。この墳墓が上円下方墳の形態で造られているのです。

上円部は円形ではなく、本来は八角形だったといわれていますが、近代の天皇陵がこれを手本にしたことは間違いありません。天皇の系譜はその後に起こる壬申《じんしん》の乱によって、天智の弟の天武天皇の血筋に移りますが、光仁・桓武天皇以降再び天智天皇の系譜に戻ります。その血統が近代まで継続します。皇室にとって、天智天皇は歴代の天皇の中でも特別の存在だったのです。

維新政府が天皇陵に拘ったわけ

明治新政府はなぜ仏教と固く結びついた天皇墓の伝統をあえて断ち切ってまで、こうした新しいタイプの天皇陵を構築しなければならなかったのでしょうか。

明治維新を経て誕生した新政府は、江戸時代まで社会の骨格を成していた身分制を廃止し、一人一人を「国民」として把握する制度を採用しました。欧米流の国民国家の形成を目指したのです。

この改革によって、すべての人民は等しく「国民」として把握されることになりました。そこで浮上した課題が、身分による拘束から解放されてバラバラになった人民を、いかにして一つにまとめていくかという点でした。アジアへの進出を加速化する欧米列強に対抗して強力な集権国家を構築するためにも、この問題は重要でした。

こうした状況を受けて、国家の中心に位置して、国民を統合する役割を与えられたのが天皇でした。そのために、天皇は普通の人間とは次元を異にする神秘のベールに包まれた存在でなければなりませんでした。天皇の聖なる地位を担保するものが、神の子孫であり、みずからも神であるという、「神孫」「現人神」という位置付けでした。悠久の伝統をもつ神としての天皇をいただく唯一の国家であることが、他の国々との比較を絶する「神国」日本の根拠とされたのです。

ただしこの主張に説得力をもたせるためには、クリアしなければならない課題がありました。一つは天皇と仏教との親密な関係の清算です。天皇はいかなる宗教をも凌ぐ至高の存在でした。その天皇が仏に額《ぬか》づき救済を願うことなど、決してあってはならないことでした。明治期に入って、仏教と日本の神との引き離し――神仏分離――が強引に進められていく背景には、このような事情があったのです。

加えて、天皇が神孫であるという途方もない論理に説得力をもたせるためには、なんらかの客観的な証拠が必要でした。そこで浮上してくるのが、「万世一系」の思想です。初代の神武天皇から当代に至るまで、絶えることなく続く天皇家の歴史に、天皇の神格化の根拠を求めるのです。

しかし、それは百二十代を超える天皇の系譜を、破綻なくつなぎあわせようとするものであり、相当の力技が求められることになりました。初代の神武天皇に加えて、二代の綏靖《すいぜい》天皇から九代の開化天皇までの欠史八代といわれる天皇たちは、その一部にモデルとなる人物がいたとしても、『古事記』『日本書紀』の編纂にあたっての明らかな創作でした。そもそも天皇という称号が用いられるようになったのは、七世紀の天武・持統天皇あたりからのことだったのです。

神武天皇陵が問いかけること

フィクションとしての天皇の一系の系譜に、いかにして真実味を帯びさせていくのか。そこで着目されたものが墓でした。切れ目なく続く歴代天皇の墓こそが、万世一系を示す客観的な証拠となると考えられたのです。

天皇の墓は、江戸時代にはその多くが所在地不明となっていました。先に述べたように、初期の天皇はそもそも実在しなかった可能性が高いのです。また仏教の影響が強まる中世では、この世に残る死者は不幸な存在という認識が共有され、墓は造られてもすぐに荒れ果てて忘却されることが常態化していました。それは天皇墓についても例外ではありませんでした。なかには淳和天皇（八四〇年崩御）のように、大原野に散骨したというケースさえあったのです。

江戸時代も後期になって、列島近海に欧米の船が出没するようになると、一部の知識人や文配層の間で危機意識が高まり、日本を他国とは異なる「皇国」とする意識が芽生えるようになります。それは皇国の中心に位置する天皇に対する関心を呼び覚まし、歴代の天皇や忠臣にまつわる故事に光が当てられました。

天皇陵への関心も高まり、各地でその探索が行われました。宇都宮藩の提案から始まった幕末の「文久の修陵」は、そうした時代思潮を受けて行われた大規模な天皇陵の治定《じじょう》と修理でした。初代の神武天皇の陵墓もこのとき確定しましたが、治定前のそれは、田んぼのなかの盛土の上に木が一本だけ立つ、正体不明の小さな塚にすぎませんでした。

ところが、ひとたび神武天皇陵とされると、大規模な造営工事が実施され、現在みるような幽玄な森林に囲まれた壮大な陵墓（奈良県）へと変身を遂げていくのです（次頁の写真）。

幕末に治定した奈良県橿原市にある神武天皇陵

明治政府が行った天皇陵の確定は、切迫した状況のなかで実施された、政治的な要請による無理を承知の事業でした。そのことが、今日に至るまで、さまざまな問題を派生させる原因となりました。

二〇一九（令和元）年に「百舌鳥《もず》・古市《ふるいち》古墳群」（大阪府）がユネスコの世界文化遺産に指定されました。その中心をなす最大の古墳「仁徳天皇陵」は、仁徳天皇と結びつける根拠がないということで、学界では「大仙古墳」と呼ばれていました。それが登録にあたって、さまざまな思惑が交錯した結果、「仁徳天皇陵」という名称が復活するのです。

仏教がこれからなすべき使命

二〇一三（平成二十五）年、宮内庁は当時、天皇陛下と美智子皇后様のご意向を受けて、今後の葬儀と陵墓のあり方の見直しを行うことを発表しました。時代の流れを受けて四百年ぶりに火葬が復活することになり、墓も大幅に簡素化される見込みとなりました。その一方で、神としての天皇の権威の復活を目指そうとするグループの動きも相変わらず活発です。わたしには戦後の天皇陵の変遷が、そうした相反する二方向の動きのなかで揺れる、現代の天皇制度を映し出す鏡のようにみえるのです。

これまで繰り返し述べてきたように、人は、人を超える存在（カミ）なくして豊かな生を全うすることは困難です。聖なるものに柔らかく包まれ、愛しい故人たちに寄り添われて、人は初めて精神的にも肉体的にも穏やかで安定して日々を送ることができるのです。近代化は、社会から神仏や死者などのカミを追い出す過程でした。しかし、その結果生まれた殺伐とした精神的景観に耐えられなくなった現代の人々は、再び心の緩衝材を求めるようになりました。今日のペットブームや溢れかえるゆるキャラは、それを象徴する現象のようにみえます。

日本人の聖なるものとの向き合い方は、それを特定の神や宗教が独占しないところに特徴がありました。神の光に照らされて初めて人が光り輝く一神教とは違って、日本では森羅万象が初めから聖なる水に身を浸しているのです。

近代に起こった神としての天皇のクローズアップは、そうした精神的な伝統とは明らかに異なる動きでした。信教の自由は認められていましたが、それは天皇の権威を侵害しない限りにおいてでした。実質的に宗教的権威を天皇が独占していたのです。それが日本国民にとっても、アジアの人々にとっても、天皇自身にとっても不幸な結果を招いたことは、歴史の教える通りです。

戦前のように、神としての天皇の権威を再び突出させないためには、いかなる権威や権力にも屈しない自由な言論の公共空間を、できるだけ多く立ち上げていくことが大切です。それが宗教者の重要な役割になると思います。

また、研究者には、怪しげなオカルトに惹かれがちな現代人に、聖なるものと付き合うことによって心を豊かにしてきた伝統と作法を、きちんと紹介していく努力が求められています。

地球が沸騰化の危機に直面し、独裁者が跋扈し、ナショナリズムの怒号が空間を満たすこの時代こそ、聖なるものが担ってきた役割に目を向ける必要があります。その意味において、仏教にはこれから果たすべき大切な使命があるとわたしは考えています。

おわりに

本書は、二〇二〇年から二〇二四年にかけて、「人は死んだらどこへ行けばいいのか」というコンセプトのもと、六十四回にわたって『月刊住職』に連載されたエッセイから、二十本を選んで編集したものです。このシリーズは、第1巻『現代の彼岸を歩く』・第2巻『激変する日本人の死生観』に続く本巻をもって、完結となります。

連載をご愛読いただいた皆様、またご縁があって本書を手に取ってくださった皆様に、深く感謝申し上げます。現地を訪ねた折にご丁寧な対応をいただき、多々ご教示賜りました関係者の方々にも、厚く御礼申し上げます。

八月の下旬は、東北では亡くなった先祖を偲ぶモリ供養の季節にあたります。一昨日の朝、わたしは車で仙台を出て、代表的な供養の場である鶴岡市の三森山（第1巻第17章参照）を目指しました。山麓に車を置いて、いつものルートである下清水から登ろうとしたのですが、人気はなく、登山道は草に閉ざされていました。

わたしが最後に参加させていただいたのは二〇一八年のことになります。そのとき行事を維持するのが難しいという話を伺っていました。周辺地域の過疎化と世話人の高齢化に加え、コロナパンデミックの影響もあって、ついに山上での祭礼ができなくなってしまったのでしょうか。前巻では黒石寺の蘇民祭中止について触れましたが、この地でも長く継承されてきた行事が、中止のやむなきに至ったのです。

わたしの故郷でも、過疎化の進行は深刻です。数年前にはわたしが通っていた小学校が廃校となりました。盆踊りなどの折々の季節の行事も、ほとんど廃れてしまいました。交通などの物理的なインフラだけでなく、その地に生きる人をつなぐ心のインフラをどう維持し、再建していくか。いま日本では、この問題が強く問われているように思います。

連載にあたっては、矢澤澄道社主と編集担当の上野ちひろさんにたいへんお世話になりました。また書籍化に際しては、今回も長谷川葉月さんに編集と装丁をお願いいたしました。この本の制作を通じて、たくさんの方と新たなご縁を結ぶことができたことを嬉しく思っています。

二〇二四年八月二十五日

佐藤　弘夫

【参考文献】

佐藤弘夫『ヒトガミ信仰の系譜』岩田書院、二〇一二年
佐藤弘夫『日本人と神』講談社現代新書、二〇二一年
千葉正樹『聖なる水の空間』国宝・大崎八幡宮　仙台・江戸学叢書、二〇〇九年（第1章）
小沢浩『生き神の思想史』岩波書店、二〇一〇年（第2章）
内藤正敏『日本のミイラ信仰』法藏館、一九九九年（第3章）
エリック・ホブズボウム他編『創られた伝統』紀伊國屋書店、一九九二年（第4章）
佐藤弘夫「ヤスクニの思想と記憶される死者の系譜」『思想』一〇九五号、二〇一五年（第4章）
小松和彦『神になった人々』淡交社、二〇〇一年（第5章）
松尾剛次『中世の都市と非人』法藏館文庫、二〇二四年（第7章）
錦　仁『小野小町伝説の誕生』角川選書、二〇〇四年（第11章）
鈴木正崇『女人禁制』講談社学術文庫、二〇二一年（第15章）
末木文美士『草木成仏の思想』サンガ、二〇一五年（第16章）
南　直哉『恐山　死者のいる場所』新潮新書、二〇一二年（第16章）

梅原猛「アニミズム再考」『日本研究：国際日本文化研究センター紀要』一号、一九八九年（第16章）
佐藤弘夫「コロナウィルスは成仏できるか」『ひらく』九号、二〇二三年（第16章）
イザベラ・バード『日本奥地紀行』平凡社ライブラリー、二〇一六年（第17章）
落合延孝『猫絵の殿様』吉川弘文館、一九九六年（第17章）
高木博志『陵墓と文化財の近代』日本史リブレット、山川出版社、二〇一〇年（第20章）

『人は死んだらどこへ行けばいいのか』（全３巻）で取り上げた寺社・霊場・聖地など

著者紹介

佐藤 弘夫

1953(昭和28)年、宮城県生まれ。東北大学大学院文学研究科博士前期課程修了。博士(文学)。盛岡大学助教授・東北大学教授などを経て、現在、東北大学名誉教授。専門は日本思想史。著書『人は死んだらどこへ行けばいいのか(第1巻)』(興山舎)、『激変する日本人の死生観 人は死んだらどこへ行けばいいのか第2巻』(興山舎)、『アマテラスの変貌』(法藏館)、『霊場の思想』(吉川弘文館)、『死者のゆくえ』(岩田書院)、『ヒトガミ信仰の系譜』(岩田書院)、『死者の花嫁』(幻戯書房)、『日本人と神』(講談社)他多数。

初出誌

本書は『月刊住職』(興山舎刊)の2021年7月号から2024年3月号までの連載をもとに加筆、編集したものです。

だれをも仏や神にする死生観
―― 人は死んだらどこへ行けばいいのか 第3巻

2024年10月7日　第1刷発行

著者ⓒ　佐藤 弘夫
発行者　矢澤 澄道
発行所　株式会社 興山舎
〒105-0012 東京都港区芝大門1-3-6
電話 03-5402-6601
振替 00190-7-77136
https://www.kohzansha.com/

印刷 製本　モリモト印刷 株式会社

ISBN978-4-910408-52-1　C0015
定価はカバーに表示してあります。

佐藤弘夫教授の本

『人は死んだらどこへ行けばいいのか 現代の彼岸を歩く』（第1巻）

大好評3刷

四六判336頁
２４２０円（税込）

第1部 中世—近世の他界観のゆらぎ
遊仙寺／医王寺／一の谷遺跡／上行寺東遺跡／高野山／春日大社元興寺／立石寺／化粧坂

第2部 古代からカミと仏の習合へ
大湯環状列石／箸墓／法隆寺／四天王寺／金剛證寺

第3部 近世に向けて失われる浄土世界
瑞巌寺／岩船山／熊野神社／全生庵

第4部 近世—現代の仏をなくした他界観
モリの山／西来院／川倉地蔵尊／津波跡地／一心寺／樹木葬の森

『激変する日本人の死生観 人は死んだらどこへ行けばいいのか 第2巻』

四六判264頁
２３１０円（税込）

第1部 死者はこの世に帰ってこられるか
遠野のデンデラ野／黄泉の洞窟／六道珍皇寺／江ノ島／龍ノ口慈恩寺

第2部 浄土への信仰はなぜ必要だったか
八葉寺／當麻寺／熊野／骨寺／岩屋寺／文永寺

第3部 紫式部はなぜ地獄に堕ちたか
川原毛地獄／愛宕山／紫式部の墓／別府の地獄めぐり

第4部 失われた極楽浄土
弥谷寺／ムカサリ絵馬／回向院／黒石寺／立山と芦峅寺

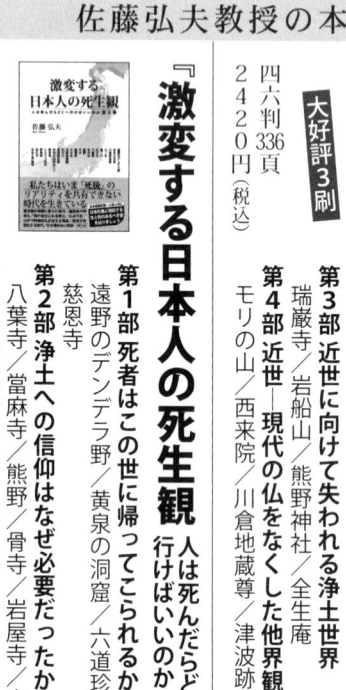

宗教に無関心の人も宗教者でも知らなかった事実

明解 統一教会問題

櫻井義秀 著（北海道大学大学院教授・宗教社会学者）

統一教会研究35年の著者が、安倍晋三元首相殺害事件も含めた組織の全実態を簡潔平明に解説。カルト分析の決定版

四六判／二七二頁　二三一〇円（税込）

人生百年の生老病死

これからの仏教 葬儀レス社会 3刷

櫻井義秀 著（北海道大学大学院教授・宗教社会学者）

葬儀や法要を営む余裕のない世代が増える社会で、仏教は人々の苦にいかに向き合っているのか。その再構築を問う

四六判／三二二頁　二五三〇円（税込）

仏典で実証する

葬式仏教正当論 増刷

鈴木隆泰 著（日本印度学仏教学会賞受賞者）

インド仏教の実像を描出し、従来の酷い葬式仏教批判を学術的に悉く論破した画期的名著。回向の正当性も立証する

四六判上製／一九二頁　二六四〇円（税込）

何巻から読んでも分かる学べる！

ここにしかない原典最新研究による

本当の仏教 第1巻〜第5巻

鈴木隆泰 著（日本印度学仏教学会賞受賞者）

増刷 **第1巻** お釈迦さまはなぜ出家し、いかに覚ったか
第2巻 殺人鬼や敵対者にお釈迦さまは何を説いたか
第3巻 お釈迦さまのインドでなぜ今も差別がなくならないのか
第4巻 釈迦族の悲劇からも分かる誰もが救われるお釈迦さまの教え
第5巻 お釈迦さま究極の重要直伝『涅槃経』を正しく読み解く(1)

四六判／三三六頁（第5巻は三二〇頁）　各巻二六四〇円（税込）

住職に直言シリーズ　第1弾

各界第一人者25人による

今こそお寺に言いたいこと

『月刊住職』編集部 編

菅直人／田原総一朗／横尾忠則／筒井康隆／養老孟司／宝田明／三浦雄一郎／古井由吉／落合恵子／橋本治／内館牧子／姜尚中／畑正憲／渡辺えり／町田康／上野千鶴子／辛酸なめ子／内田樹／ラサール石井／吉永みち子／稲川淳二／小林亜星／中村桂子／マリ・クリスティーヌ／津村記久子（全25人）

四六判／二一六頁　二五三〇円（税込）

住職に直言シリーズ　第2弾

当代著名人が初めてあかす

私の死生観と宗教観

『月刊住職』編集部 編

柳田邦男／角田光代／池上彰／恩田陸／和合亮一／柳美里／荒川洋治／里中満智子／ドリアン助川／藤沢周／平田オリザ／乃南アサ／松重豊／松尾貴史／梯久美子／中村文則／鴻上尚史／佐川光晴／荻野アンナ／中島岳志／ケント・ギルバート／中村うさぎ／香山リカ／落合陽一／三浦瑠麗（全25人）

四六判／二七六頁　二二〇〇円（税込）